Wolfgang Kowalsky · Rechtsaußen
. . . und die verfehlten Strategien
der deutschen Linken

D1870859

Der Autor:
Dr. Wolfgang Kowalsky, Jahrgang 1956, studierte Soziologie, Psychologie und Philosophie an der Freien Universität Berlin und an der Université de Paris X. Von 1987 bis 1992 war er Wissenschaftlicher Mitarbeiter am Fachbereich Politische Wissenschaft der Freien Universität Berlin. Seit April 1992 arbeitet er in der Grundsatzkommission der IG Metall in Frankfurt/M. Seine jüngsten Veröffentlichungen: Deutschland *nur* den Deutschen? Die Ausländerfrage in Deutschland, Frankreich und den USA (zusammen mit Ute Knight); Kulturrevolution? Die Neue Rechte im neuen Frankreich und ihre Vorläufer.

Wolfgang Kowalsky

Rechtsaußen

... und die verfehlten Strategien
der deutschen Linken

Ullstein

Ullstein Report
Ullstein Buch Nr. 36601
im Verlag Ullstein GmbH
Frankfurt/M. – Berlin

Originalausgabe

© 1992 by Verlag Ullstein GmbH,
Frankfurt/M. – Berlin
Alle Rechte vorbehalten
Umschlagentwurf: Hansbernd Lindemann
Satz: KCS GmbH, Buchholz/Hamburg
Druck und Verarbeitung: Ebner Ulm
Printed in Germany 1992
ISBN 3 548 36601 5

2. Auflage Oktober 1992
Gedruckt auf Papier
mit chlorfrei
gebleichtem Zellstoff

Die Deutsche Bibliothek –
CIP-Einheitsaufnahme

Kowalsky, Wolfgang:
Rechtsaußen ... und die verfehlten
Strategien der deutschen Linken /
Wolfgang Kowalsky. – Orig.-Ausg.,
2. Aufl. – Frankfurt/M.; Berlin: Ullstein,
1992
(Ullstein-Buch; Nr. 36601:
Ullstein-Report)
ISBN 3-548-36601-5
NE: GT

Meiner schärfsten Kritikerin,
meiner teuersten Freundin

Inhalt

Einleitung: Verfehlte Strategien gegen den Rechtsextremismus

Wenn sich die meisten Strategien gegen den Rechtsextremismus als verfehlt, wirkungslos oder sogar kontraproduktiv erweisen, dann steht einem weiteren Aufstieg der extremen Rechten wenig im Wege. Als Beleg für diese These sei beispielhaft eine solche Strategie angeführt: Die Organisation »SOS-Rassismus« sieht im Rassismus ein Kernelement von Rechtsextremismus. Das antirassistische Programm – u. a. die Organisation von »Mahnwachen« vor Ausländerwohnheimen – hat das Gründungsmitglied der Berliner Sektion von »SOS-Rassismus«, Heidi Bischoff-Pflanz, um folgenden theatralischen Aspekt bereichert: »Um über die Situation der Flüchtlinge konkret zu informieren, hat eine Theatergruppe ›SOS-Rassismus‹, als Sonderkommission der Ausländerpolizei verkleidet, auf dem Ku'damm bundesdeutsche Touristen mit den Fragen konfrontiert, die üblicherweise den Asylbewerbern gestellt werden: ›Wer hat Ihnen geholfen, hierher zu kommen? Können Sie Ihren Lebensunterhalt allein bestreiten?‹ Die meisten der Befragten reagierten betroffen, als sie aufgrund ihrer Antworten eine Ausreiseaufforderung und die Androhung der Abschiebung erhielten. Zumindest Verständnis für die unmenschliche Behandlung von Flüchtlingen konnte durch die sich ergebenden Diskussionen geweckt werden.«[1]

Der Wunsch fungiert hier als Vater des Gedankens. Die beiden Fragen sollen »unmenschliche Behandlung« signalisieren – wieso bundesdeutsche Touristen, die sich in dieser Hinsicht nichts vorzuwerfen haben, »betroffen« reagiert haben sollen, diese Erklärung bleibt die Autorin schuldig. Das Theaterspiel könnte als lächerlich übergangen werden, wäre es nicht symptomatisch für so manche antirassistische und antirechtsextreme

Aktion in der Bundesrepublik, die es näher zu betrachten gilt. Offenbar stimmt das überkommene Koordinatensystem, der alte Bezugsrahmen nicht mehr: Viele Strategien antworten auf Fragen von gestern und bewegen sich im Grunde immer noch im Rahmen eines Antifaschismus der dreißiger Jahre. Aus den gängigen Strategien gegen Rechtsaußen lassen sich acht Grundtypen herausdestillieren, denen jeweils ein eigenes Kapitel gewidmet ist. Wenn im folgenden von Strategien gesprochen wird, handelt es sich im Grunde um einen Euphemismus, denn die erwähnte Taktik der Theatergruppe »SOS-Rassismus« oder eine Parole wie »Nazis raus!« macht noch keine Strategie aus, und diese Feststellung gilt für viele der hier analysierten Bekämpfungsvorschläge[2], die größtenteils aus dem linken Spektrum stammen.

Seit dem spektakulären, weil unerwarteten Erfolg der »Republikaner« im Januar 1989 bei den Wahlen zum Berliner Abgeordnetenhaus hat sich die Literatur zum Thema Rechtsextremismus vervielfacht. Von den schnell auf den Markt geworfenen Publikationen waren viele zum Zeitpunkt ihres Erscheinens schon veraltet. Schnelldiagnosen bei der Ursachenforschung sind so verbreitet wie Schnelltherapien. An Büchern zum Thema besteht kein Mangel, doch eine überzeugende Antwort auf die Frage, wie gegen Rechtsextremismus vorzugehen sei, steht noch aus.

Bemerkenswerterweise wenden sich nur vereinzelt Forscher aus dem rechten Lager dem Thema zu. Aus der Tatsache, daß sich die meisten Rechtsextremismusforscher dem linken Spektrum zuordnen, darf geschlossen werden, daß die Bekämpfung von Rechtsextremismus ihr gemeinsames Anliegen ist. Einigkeit herrscht zwar darüber, daß dem Rechtsextremismus entgegenzutreten sei, aber über das Wie streiten sich die Geister.

In diesem Buch soll es genau um dieses *Wie* gehen, um die vorgeschlagenen »Gegenrezepte« und »Gegentherapien«. Welche Strategien leiten die Kritiker aus ihrer jeweiligen Bestandsaufnahme der Situation bzw. ihrer Analyse ab? Welche Strategien konkurrieren miteinander? Von welchen Prämissen gehen sie aus, welche Ursachenzuschreibung läßt sich ihnen zuordnen, und welche Konsequenzen ergeben sich? Und vor allem: Reichen die vorgeschlagenen Strategien an die Wurzel des Phänomens, oder kurieren sie bloß Symptome? Wird die Effektivität nur behauptet oder bewiesen?

Die verschiedenen Positionen sollen zu diesem Zweck dargestellt und auf diese Fragen hin untersucht werden. Aus analytisch-methodischen Gründen erschien es sinnvoll, die einzelnen Strategien in vitro zu betrachten, d. h. voneinander zu trennen, obwohl sie realiter häufig Verbindungen untereinander eingehen. Nur durch das Herauskristallisieren der Reinform ist es möglich, der ihnen eigentümlichen Logik auf die Spur zu kommen. Dennoch läßt sich im Einzelfall nicht vermeiden, daß dieses oder jenes Thema wie ein Tintenfisch seine Arme in andere Themenbereiche hineinstreckt. Die Kritik soll Anstoß zur notwendigen Auseinandersetzung mit Versäumnissen und Denkblockaden geben, denn eine Revision eigener Denkmuster und Aktionsformen ist fällig.

Wer glaubte, der rechtsextreme Erfolg vom Frühjahr 1989 sei etwas Kurzlebiges und damit Vorübergehendes, und auf »schnellen Aufstieg und tiefen Fall«[3] setzte, sieht sich mittlerweile eines Besseren belehrt. Eine Periode rechtsextremer Renaissance scheint angebrochen, und zwar nicht allein in Deutschland: Rechtsextremismus ist keineswegs ein Anachronismus, sondern ein Phänomen der Moderne, und die rechtsextremen Parteien in Deutschland stehen erst am Anfang.

Ein Blick nach Frankreich ist in diesem Zusammenhang nützlich, denn dort gelang es erstmals in der Nachkriegsgeschichte einer rechtsextremen Partei, der »Nationalen Front« um Jean-Marie Le Pen, sich dauerhaft zu etablieren. Nach ihrem ersten überraschenden Erfolg bei den Europawahlen im Jahr 1984 (mit 11,2 Prozent der abgegebenen Stimmen) wurde ihr ein baldiges

Verschwinden vorausgesagt, der Wahlausgang mithin als konjunkturelles Phänomen gedeutet. Doch diese optimistische Prognose wurde von der Wirklichkeit widerlegt, denn die Partei Le Pens konnte sich ausbreiten und ihre Wahlergebnisse konsolidieren: Bei den Präsidentschaftswahlen 1988 erzielte sie 14,4 Prozent der abgegebenen Stimmen. Mittlerweile ist sie zur mächtigsten rechtsextremen Partei in Europa avanciert und gibt für viele Nacheiferer das Modell ab. Nicht wenige deutsche Rechtsextremisten sehen im französischen Beispiel den Weg ihrer Zukunft, die europäische Avantgarde.

Rechtsextremismus in Deutschland

Zunächst sind einige Differenzierungen und Begriffsklärungen angebracht: Was ist unter »Rechtsextremismus« zu verstehen? In diesem Zusammenhang genügt ein Umriß des rechtsextremen Potentials, das von intellektuellen Zirkeln über politische Parteien bis hin zu militanten Gruppierungen und Skinheads reicht. In der gängigen Fachliteratur[4] wird zwischen drei Erscheinungsformen von Rechtsextremismus unterschieden: 1. Mitgliedschaft in rechtsextremen Parteien oder Gruppierungen, 2. Wahl rechtsextremer Parteien, 3. rassistische bzw. rechtsextremistische Einstellungs- oder Orientierungsmuster. Sowohl die Denkfabriken (ohne feste Mitgliedschaft) als auch die militanten, gewalttätigen Gruppierungen fallen aus diesem Schema heraus. Seriöse Studien jüngeren und älteren Datums schätzen die Zahl derer, die rassistischen bzw. rechtsextremen Einstellungen zustimmen, auf 10 bis 15 Prozent. Es ist allerdings zu fragen, ob damit das rechtsextreme Potential zutreffend umrissen ist.

Rechtsextreme Parteien können, wenn sie mächtig genug werden, die demokratischen Institutionen gefährden. Aus diesem Grunde dürfen sie besondere Aufmerksamkeit beanspruchen, und es stellen sich folgende Fragen: Bilden die rassistischen Personenkreise tatsächlich das Maximalpotential rechtsextremer Parteien, oder kann dieses größer werden, als gemeinhin angenommen wird? Darf als ausgemacht gelten, daß nur Menschen mit rassistischen Einstellungsmustern auf rechtsextreme Parteien ansprechen? Hindert die Fixierung auf Rassismus und Nationalismus als vermeintliche Kernbestandteile von Rechtsextremismus nicht daran, sowohl das Neuartige als auch das möglicherweise Faszinierende an der heutigen extremen Rechten zu erkennen? Geht die Gleichung Rechtsextremismus = Rassismus + Nationalismus auf, oder bildet sie eine selbstverordnete Denkblockade?

Ist es nicht denkbar und möglich, daß angesichts sich zuspitzender sozialer oder ökonomischer Probleme eine alerte rechtsextreme Partei, die bei der »Neuen Rechten«[5] in die Schule gegangen ist und das Sektierertum überwunden hat, die Schwachstellen der Alten Rechten wie der Linken geschickt zu nutzen weiß und für ungelöste Probleme einfache Lösungen anbietet, die weitreichenden Zuspruch finden? In diesem Fall wäre davon auszugehen – wobei es hier keinesfalls um eine Dramatisierung des Phänomens geht, sondern allein um die optimale Einschätzung –, daß in Krisenzeiten das rechtsextreme Potential die angesprochenen Kreise erheblich überschreiten kann.

Der Frankfurter Rechtsextremismusforscher Hans-Gerd Jaschke hält es für möglich, daß rechtsextreme Parteien »im Rahmen einer ›Zwei-Drittel-Gesellschaft‹ das untere Drittel zunehmend erreichen« können[6]. Es sollte zu denken geben, daß bei der ersten gesamtdeutschen Wahl im Dezember 1990 die drittstärkste politische Kraft 22,2 Prozent erreichte: die Nichtwählerschaft, die um 6,6 Punkte zunahm. Sie stellt ein beträchtliches Mobilisierungsreservoir dar: Die Wahlbeteiligung lag bei 77,8 Prozent gegenüber 84,4 Prozent im Jahr 1987 und 89,1 Prozent 1983. Die Enthaltung verdoppelte sich binnen weniger Jahre.

Heimliche Komplizenschaft zwischen Neuer Rechter und Rechtsextremisten

Um breite Wählerschichten anzusprechen, muß eine rechtsextreme Partei mehrere Bedingungen erfüllen: Zunächst wäre die Zersplitterung der rechtsextremen Szene in eine Vielzahl von Sekten und Parteien zu überwinden. Außerdem muß eine charismatische Führerpersönlichkeit gefunden werden, die rhetorisch begabt ist. Und last but not least müssen moderne Inhalte angeboten werden und nicht alter Wein in neuen Schläuchen. Bei der Erarbeitung dieser modernen Themen kann eine rechtsextreme Partei auf Vorarbeiten der Neuen Rechten zurückgreifen. In diesem Zusammenhang soll unter »Neuer Rechter« eine ideologische Bewegung verstanden werden, die die Modernisierung und Dynamisierung der Alten Rechten zum Programm erhoben hat und aus Denkfabriken, Vordenkern, Zeitschriften und Verlagen besteht[7].

Wiederum vermag ein Blick nach Frankreich Anschauungsmaterial zu liefern, denn dort wirkte die Neue Rechte am erfolgreichsten und machte auf spektakuläre Weise von sich reden. »Lernen von links« hieß eine ihrer Devisen, als sie am Beginn ihres Aufstiegs stand. Sie meinte zu erkennen, daß die Eroberung kultureller Hegemonie – der Begriff wurde von dem italienischen Marxisten Antonio Gramsci übernommen – eine unentbehrliche »Waffe auf dem Weg zum Sieg« sei. Alain de Benoist, Chefideologe der Neuen Rechten, erklärte: »Ohne präzise Theorie kein wirksames Handeln. [...] Die alte Rechte hat die Bedeutung Gramscis nicht erkannt. [...] Alle großen Revolutionen der Geschichte haben auf der politischen Ebene eine Entwicklung konkretisiert, die in den Geistern schon vor sich gegangen war.«[8]

Diese Neue Rechte ist im Gefolge des Mai 1968 entstanden, und zwar in Reaktion auf die – vermeintliche und reale – Unfähigkeit der traditionellen rechten Parteien, denen Konzeptionslosigkeit, Theoriescheu und reaktives Verhalten vorgeworfen wurde. Die Neue Rechte konzentrierte sich auf Theoriearbeit, griff Themen, die die Neue Linke zur Diskussion stellt, auf und bearbeitete sie. Im Sommer 1979 avancierte die Neue Rechte in Frankreich zum Medienthema. Sowohl nach Italien (Nuova Destra), Großbritannien (New Right) wie in die Bundesrepublik hinein bestehen zahlreiche Verbindungen: Nicht zufällig ist ein Sympathisant der »Konservativen Revolution«, der neurechte Vordenker Armin Mohler, zum Verbreiter der Gedankenwelt der Neuen Rechten in deutschen Landen geworden. Nicht von ungefähr arbeiten neurechte Gruppierungen und Verlage an ihrer Vernetzung, stellen sich den intellektuellen Herausforderungen der Zeit, greifen aktuelle Themen auf und versuchen, aus dem Abseits, dem Ghetto herauszukommen. Der SPD-Chefdenker Peter Glotz steht nicht allein mit seiner Befürchtung, die deutsche Neue Rechte könnte künftig durchaus diskrete Förderer und scharfsinnige Medienmanager finden.

Zwar ist die französische Neue Rechte mittlerweile von der Medienbühne verschwunden, doch ihre Wirkung wird unterschätzt: Sie hat inhaltliche Vorarbeiten zu Themen (Identität, Immigration . . .) geleistet, die der rechtsextreme »Front National« erfolgreich umsetzt. Es bestehen zwar personelle Querverbindungen, doch sollte das Augenmerk eher auf die inhaltliche Weiterverarbeitung neurechter Themen durch die Nationale Front gelegt werden. Da Denkzirkel nach einer anderen Logik funktionieren als politische Parteien, darf es nicht verwundern, daß beide inhaltlich nicht in gleicher Weise vorgehen, sondern Themen in die eigene Logik »übersetzen«. Diese Unterschiedlichkeit und Ungleichzeitigkeit der Herangehensweise ist eine Bedingung für die Effizienz der gegenseitigen Zusammenarbeit.

Neurechte und rechtsextreme Themenpalette

Keinesfalls führten neonazistische Parolen die französischen Rechtsextremisten aus dem Sektierertum hinaus und verschafften ihr beträchtlichen Zulauf: Diese sprachen Problemlagen an, die anderen Parteien zu heiß waren.

Die neurechten Denkzirkel können als eine Art Ferment einen gesellschaftlichen Gärungsprozeß in Gang setzen. Ein Thema wie »multikulturelle Gesellschaft« aus neurechter Perspektive haben sie hierzulande bereits entdeckt[9], und sie werden auf die ungelöste Frage der »deutschen Identität« setzen: Was hält die Deutschen zusammen, was macht »deutsche Identität« aus?

In Deutschland ist dieses Thema äußerst heikel, durch die Vergangenheit belastet, und aus diesem Grunde lassen die meisten Linken lieber die Finger davon. Diese Abstinenz hat zur Folge, daß die Beantwortung der Rechten überlassen bleibt. Bislang hat diese allerdings auch kein überzeugendes Konzept anbieten können. Die Gefahr, die in dieser linken Tabuisierung liegt, ist kaum erkannt. Wenn als stärkstes Bindeglied zwischen den Deutschen ihre ökonomische Leistungsfähigkeit wirkt, dann kann diese einseitige Orientierung zur Achillesferse werden. Denn in dem Augenblick, da eine ökonomische oder monetäre Krise diese (Teil- oder Ersatz-)Identität untergräbt, so wie es in der Weimarer Republik durch die hohe Arbeitslosigkeit und Inflation geschehen war, sind die nachfolgenden politischen Verwerfungen unabsehbar.

Für die Deutschen ist die Geschichte der NS-Zeit eine essentielle Frage für ihre nationale Selbstwahrnehmung und Identität. Daraus resultieren Schwierigkeiten, Zugang zu der Thematik und ein in sich ruhendes Selbstverständnis als Deutsche zu finden. Seit den achtziger Jahren ist zwar viel von »nationaler Identität« die Rede gewesen, aber diese Leerformel konnte nicht mit überzeugenden Inhalten gefüllt werden, so daß schließlich Kritiker zu Recht vom »Geschwätzstoff ›Identität‹« sprachen[10]. Diese Leerstelle bildet eine geradezu ideale Anknüpfungsmöglichkeit für rechtsextreme Parteien, die sich ihnen in anderen Ländern in dieser Weise nicht bietet. Franzosen oder Briten ruhen mehr in sich als Deutsche; sie verfügen über diese nationalen Bezüge, die Halt verleihen, und dazu gehört eine feste Verknüpfung von Grundsätzen einer modernen Republik mit einer plausiblen Auffassung von Nation.

Sowohl in Frankreich als auch in Großbritannien ist das Verhältnis zur eigenen Nation relativ ungebrochen und das Terrain kein Brachland, in das Rechtsextremisten ungehindert vorstoßen könnten. Um dieser – bislang rein theoretischen – Gefahr zu begegnen, müßte das Terrain »nationale Identität« auch von anderen besetzt und prospektiv, also über das Tagesgeschäft hinausdenkend, den Rechtsextremisten streitig gemacht werden, wenn möglich in ökonomisch stabilen Zeiten, denn in Krisenzeiten haben Demagogen allemal gute Karten.

Nation und nationale Identität sind nicht die einzigen offenen Fragen, deren sich die Rechtsextremisten annehmen können. Die Themenpalette ist denkbar breit: Arbeitsplatz(verlust), Wohnungs(not), Sicherheit/Kriminalität, Sozialleistungen, Bevölkerungsgleichgewicht, »Verwahrlosung« der Sitten (also: »Dekadenz«), multikulturelle Gesellschaft, aber auch Schwierigkeiten, die bei der europäischen Einigung, bei der Überführung der DM in den ECU, bei einer möglichen Armutswanderung auf uns zukommen können, nicht zuletzt innenpolitische Affären und Skandale, die sich dazu eignen, die »etablierten Parteien« oder das parlamentarische System selbst in Frage zu stellen. Die Rechtsextremisten plädieren für eine wirklichkeits- und bürgernahe Politik und sind bei Bedarf antieuropäisch oder antiwestlich, kämpfen gegen den US-Kulturimperialismus. Dabei tritt ein moderner Rechtsextremismus nicht mehr gegen Demokratie auf, sondern fordert mehr Demokratie, mehr plebiszitäre Elemente und mehr Bürgernähe, aber zugleich mehr Dezision, also klare Entscheidungen.

Ein Standardthema der Rechtsextremisten, das eng mit dem der nationalen Identität verknüpft ist, bildet die »Ausländerfrage«. Die Bestimmung von Identität schließt stets die Bestimmung von Nicht-Identität ein. Die Abgrenzung gegen andere, gegen Fremde ist eine Möglichkeit der Selbstdefinition. Zahlreiche Linke nehmen die Frage zum Anlaß, das Thema zu wechseln, zu verlagern und auf Ausländerfeindlichkeit und Rassismus sprechen zu kommen. Diese Position wird sich nicht aufrechterhalten lassen; die Anti-Haltung kann als Indiz für die Schwierigkeit genommen werden, Zukunftsperspektiven zu erarbeiten. Die Existenz einer Ausländerfrage leugnen wohlmeinende »Ausländerfreunde« einfach, wie Roland Tichy mit seinem Buch »Ausländer rein! Warum es kein ›Ausländerproblem‹ gibt«[11].

»Dekadenz« (im Sinne eines außenwirtschaftlichen oder -politischen Niedergangs) ist ebenfalls ein Sujet mit Zukunft: Angesichts der geopolitischen und geostrategischen Veränderungen seit der deutschen Einheit sind klare außenpolitische Konzeptionen gefragt. Während die Bundesrepublik in der Nachkriegszeit ihre außenpolitische Verantwortung in den Händen ihrer westlichen Verbündeten aufgehoben wußte, muß sie seit 1989/90 ein eigenes weltpolitisches Selbstverständnis entwickeln und ihre Interessenlage formulieren. Bislang scheint diese Herausforderung, die sich aus der Verschiebung vom Rand Westeuropas zu einer Mittellage ergibt, nur von Einzelgängern erkannt; so ergeben sich zahlreiche Anknüpfungspunkte für Rechtsextremisten.

Auch wenn das Problem der Einigung und das interne Gerangel um Führungsposten die deutsche rechtsextreme Szene noch eine Weile beschäftigen sollte, um Themen braucht sie nicht verlegen zu sein. Vorläufig muß sie sich auf Vorarbeiten französischer neurechter Denkzirkel stützen, denn deren deutsches Pendant steckt noch in den Kinderschuhen und hat auf ungleich schwierigerem Terrain zu operieren.

Ursachenanalyse und Bekämpfungsstrategien

Treffende Ursachenanalysen des Rechtsextremismus bleiben gefragt. Eine eindeutige Ursachenkonstellation, die durchweg zur Akzeptanz oder Übernahme rechtsextremer Orientierungs- oder Einstellungsmuster führt, läßt sich nicht ausmachen. Aus den Erklärungshypothesen, die beanspruchen, den Rechtsextremismus zu erfassen, leiten viele Forscher Gegenstrategien ab oder legen sie durch monokausale Ursachenbefunde nahe. Bei einer Reihe von Autoren scheinen die Bekämpfungsstrategien sogar das Raster für ihre Ursachenanalyse abzugeben, und insofern ist eine selektive Wahrnehmung geradezu vorprogrammiert. Derartige Denkschemata sollen in den folgenden Kapiteln als solche bewußt gemacht werden: Die kommenden Überlegungen sind reicher an Problematisierungen als an Lösungen. Sie mögen insofern destruktiv erscheinen, als sie das Ziel verfolgen, Mythen über den Rechtsextremismus und seine Bekämpfung zu demontieren, ohne daß der Autor seinerseits mit einem Patentrezept aufwarten wollte.

Denkblockaden freizulegen kann aber der erste bescheidene Schritt auf dem Weg zu konstruktiven Ansätzen sein. Nur durch reflexive Selbstanalyse ist es möglich, Freiräume für neues Denken zu schaffen. Das Hauptanliegen besteht darin, zu neuen, angemessenen Bekämpfungsstrategien zu gelangen, die nicht von vornherein auf wackeligen Grundlagen stehen.

Der Berliner Rechtsextremismus-Experte Richard Stöss widmet ein Kapitel seiner Studie über die extreme Rechte den »Ursachen und Gegenmaßnahmen« und begründet dies so: »Es mag auf den ersten Blick überraschen, daß ich die Ursachen des

Rechtsextremismus und die gegen ihn gerichteten Maßnahmen in einem Kapitel darstelle. Scheint es sich dabei doch um zwei verschiedene Themenbereiche zu handeln, wovon ersterer eher analytischer und letzterer eher normativer (handlungsorientierter) Natur ist. Gewiß, dieses Verfahren ist nicht üblich. Gleichwohl besteht aus meiner Sicht ein innerer Zusammenhang zwischen beiden Komplexen, der sich auch in der Darstellung niederschlagen muß. Die Analyse des Rechtsextremismus, seiner Erscheinungsformen und Ursachen, kann doch letztlich nur dem Zweck dienen, seine Existenzbedingungen zu zerstören. Der Kampf gegen antidemokratische Einstellungen und Verhaltensweisen ist meines Erachtens nur dann angemessen zu führen, wenn die Ursachen bekannt sind.«[12] In den folgenden Kapiteln versuche ich, diesen Zusammenhang zwischen Analyse und Bekämpfungsstrategie herauszuarbeiten und einige Strategien, vornehmlich linker Provinienz, auf den Prüfstand zu stellen.

Die Antifaschismus-Strategie

Sobald eine rechtsextreme Partei Wahlerfolge erzielt, verweisen zahlreiche Linke auf die NS-Zeit und warnen vor dem Aufstieg einer Partei, die auf ein faschistisches oder neofaschistisches Regime hinarbeitet. Diejenigen, die ich im folgenden als Vertreter der traditionsreichsten Strategie zur Bekämpfung rechtsextremer Bestrebungen, nämlich der Antifaschismus-Strategie (kurz: Antifa-Strategie), bezeichne, gehen von einer Wesensgleichheit oder zumindest einer inneren Wesensverwandtschaft, einer deutlichen strukturellen Affinität des historischen Faschismus zu neofaschistischen bzw. rechtsextremistischen Tendenzen aus. Sie greifen vorzugsweise zu historischen Analogien, ziehen vielfältige Parallelen und plädieren für eine Bekämpfungsweise, die sich nicht grundlegend von der Antifa-Strategie der dreißiger Jahre unterscheidet, selbst wenn die meisten Anhänger dieser Position nicht müde werden, das Neue und Moderne ihrer Strategie herauszustreichen.

Ein Kernelement des Antifa-Theorems ist die unbezweifelbare Kontinuitätslinie zur NS-Zeit, die als Setzung in die Argumentation eingeht oder durch einige willkürlich herausgegriffene Beispiele untermauert wird: Die Verfechter dieses Theorems versuchen, diese Kontinuitätshypothese zu belegen, indem sie strukturelle und personelle, politische, ökonomische, ideologische Verbindungen von der Epoche des historischen Faschismus zur Jetztzeit aufspüren und nachzeichnen. Dieser Ansatz sieht die Ursache von Rechtsextremismus im Weiterleben oder Wiederaufleben von NS-Politikmustern.

Diese Strategie wird (oder wurde) – jeweils in verschiedenen Schattierungen – unter anderem von dem Marburger Politikwissenschaftler Reinhard Kühnl vertreten, von den Faschismusforschern Reinhard Opitz und Wolfgang Wippermann, von der Mehrzahl der DDR-Faschismusforscher, u. a. Kurt Gossweiler, von zahlreichen Kommunistischen Parteien und nahestehenden Organisationen wie dem »Bund der Antifaschisten-Vereinigung der Verfolgten des Naziregimes« (VVN), von Teilen der Jusos und Gewerkschaften, von autonomen Gruppierungen und mehreren Ausländerorganisationen.

Zu den autonomen Gruppen wären die »Stadtindianer und -apachen« zu zählen, die hier nicht eigens betrachtet werden, weil sie wahllos Strategieelemente zusammenstoppeln: Einerseits bekämpfen sie Rechtsextremisten auf originelle Weise, z. B. indem sie sich mit Mülleimern neben Flugblattverteiler stellen, den Sinn rechtsextremer Graffiti verändern, provozierende Plakate kleben, Veranstaltungsankündigungen mit »ausverkauft« oder »verlegt« überkleben oder mit Farbbeuteln unleserlich machen, zu Versammlungen gehen, um rechtsextreme Redner auszupfeifen; andererseits schrecken sie vor Gewalt nicht zurück, um die »Kojoten« zu verjagen, demolieren Autos und begehen Attentate. »Skalps« nennen sie sich: »Sections carrément anti-Le Pen« (Scalp)[1].

Im Zentrum der Auseinandersetzung um die Antifa-Strategie steht die Frage, ob sich der heutige Erfolg rechtsextremer Parteien der Aufrechterhaltung rechtsextremer (oder sogar faschistischer) Traditionen verdankt oder aber als Produkt der Moderne zu begreifen ist. Angesichts des neuerlichen Auftretens rechtsextremer Parteien wird nach der fortlebenden Bedeutung der NS-Zeit gefragt: Erklärungsmuster, die eine Kontinuitätslinie zur NS- bzw. Vichy-Zeit ziehen, sind weit verbreitet; aber existieren diese behaupteten Kontinuitätslinien tatsächlich, und inwiefern lebt die NS-Zeit weiter? Kann diese Tradition als Erklärungsfaktor für den Aufstieg rechtsextremer Parteien herhalten? Zuweilen wird auf die Faschismusformel des Generalsekretärs der

III. Kommunistischen Internationale Georgi Dimitroff verwiesen, der die reaktionärsten Elemente des Finanzkapitals zu Anstiftern bzw. Trägern der faschistischen Diktatur erklärte. Diese voluntaristisch-personalistische Erklärungsformel wird übrigens von Vertretern der Repressionsstrategie aufgegriffen.

Im folgenden sollen einige Vertreter der Antifa-Strategie zu Wort kommen, und deren Position soll exemplarisch kritisiert werden. Das Kontinuitätstheorem vertritt beispielsweise der Faschismusforscher Wolfgang Wippermann, der gegen die Diskussionsanstöße der Rechtsextremismusforscher Claus Leggewie, Arno Klönne und Klaus Naumann vorgeht, indem er die altbekannte Warnung vor einer Verharmlosung des Neofaschismus wiederholt:

»Die ›Republikaner‹ sind eine neofaschistische Partei, weil sie im Hinblick auf ihre [. . .] Ideologie und im Hinblick auf ihre diffuse soziale Basis große Ähnlichkeiten sowohl mit den faschistischen Bewegungen der Zwischenkriegszeit wie mit den neofaschistischen Parteien in Italien, Frankreich, England, Belgien, Österreich etc. aufweist. Die ›Republikaner‹ verdanken ihren Aufstieg [. . .] vornehmlich [sic!] dem schon lange vorhandenen neofaschistischen und profaschistischen Einstellungspotential in der Bevölkerung [. . .]. Ursache dieses Einstellungspotentials ist [. . .] vor allem die Tatsache, daß die faschistische Vergangenheit verdrängt und nicht ›bewältigt‹ wurde, daß es [. . .] Kontinuität zwischen faschistischer Vergangenheit und demokratischer Gegenwart gab und gibt.«[2]

Die Position ist eindeutig, aber wenn er eine »große Ähnlichkeit« konstatiert, hat er ein gesellschaftliches Phänomen noch nicht in seinem Wesensgehalt erfaßt. Wenn die »neofaschistischen« Einstellungen »schon lange« vorhanden sind, wenn Kontinuität vorherrscht, bleibt unklar, warum der Aufschwung gerade 1989 (bzw. in Frankreich nach 1981) erfolgte. Rühren die Erfolge rechtsextremer Parteien tatsächlich von einem vergangenheitsbezogenen Wahlverhalten her, oder sind sie das Ergebnis einer modernen, großstädtischen Malaise?

Der Marburger Rechtsextremismus- und Faschismusforscher Reinhard Kühnl zieht nach dem Wahlsieg der Republikaner 1989 Analogien zur NS-Zeit und speziell zur NSDAP: »Noch bei den Reichstagswahlen von 1928 war sie über 2,6 % der Stimmen nicht hinausgekommen. In der Krise gelang ihr dann ein mächtiger Aufschwung auf über 37 % der Stimmen bei den Reichstagswahlen vom Juli 1932.«[3] Er stilisiert das Berliner Wahlergebnis zu einem Menetekel hinauf, dramatisiert es dadurch und malt eine Gefahr an die Wand, die so nicht existiert. Für Kühnl kann diese Gefahr gar nicht groß genug sein und die Rechtsextremisten gar nicht faschistisch genug, damit die Linke wieder einig ist.

Die These einer ungebrochenen Kontinuität zur NS-Zeit vertritt der Schriftsteller Ralph Giordano, der behauptet, der »Ungeist« habe sich »die ganze Zeit nach 1945 bemerkbar gemacht«[4]. Diese Einschätzung belegt er so: »Die Funktionselite des Dritten Reiches war personell bis in die 70er Jahre nahezu identisch mit der, die das Geschehen der Bundesrepublik Deutschland bestimmt hat. Ich habe das die ›zweite Schuld‹ genannt, die Schuld der Deutschen nach 1945 durch die Verdrängung und Verleugnung der ersten Schuld. [. . .] Dieser Ungeist, der häßliche Deutsche, der hat sich erhalten.« In Anspielung auf Bertolt Brechts Epilog zu Arturo Ui erklärt er apodiktisch: »Der Schoß ist fruchtbar noch, aus dem das kroch.«

Die Thesen von Ralph Giordano bedürfen einer Erläuterung: Die erste Schuld sieht er in der »Machteinsetzung und Machtkonsolidierung der NSDAP«, die zweite in der »Dauerverdrängung« des NS-Regimes, der Nicht-Analyse des Faschismus (darauf ist im nächsten Kapitel einzugehen). Den »Historikerstreit« faßt er als Zeichen einer dritten Schuld auf[5]. Moralisierende Schuldzuweisungen, verbunden mit voreiligen Etikettierungen, stützen seine gewagte Interpretation. Der Faschismus ist zu einer allgegenwärtigen Höllenmaschine geworden. Wie beim Trojanischen Pferd gilt es, stets auf der Lauer zu sein gegen die Verschwörer. Diese teleologische Weltsicht denkt rechtsextreme Aktionen als bewußt geplante Etappen auf dem Weg zum (faschistischen) Endziel und zieht jeden rechtsextremen Wahlerfolg oder Überfall auf Ausländer wie eine Perle auf ihrer Faschismus-Kette auf.

Der Berliner Politikwissenschaftler Hajo Funke bedauert eine weitgehende Kontinuität von der NS- zur Nachkriegszeit: »So waren die Täter weitgehend rehabilitiert, die Funktionseliten wie Juristen, Professoren, Techniker, Ärzte, Industrielle, Militärs und höhere Staatsbeamte blieben ungestraft.«[6] Belegen kann er diese Behauptung nicht; sein Kollege Richard Stöss gesteht dies ein. Funke gibt bloße Deskription – in diesem Fall einseitig verkürzte – als Erklärung aus. So mancher Politikwissenschaftler sieht bei den Republikanern hauptsächlich eine »Vergangenheit, die nicht vergehen will«: Der Erfolg der Republikaner sei »der verzweifelte und letzte Aufstand der Anhänger des Nationalstaates der Vergangenheit gegen die Zukunft eines geeinten Europa.«[7]

Der Nationalstaat wird als Angelegenheit der Vergangenheit apostrophiert, mit der eine Auseinandersetzung nicht lohnt, und Europa zu einem Zukunftsprojekt. Die Republikaner werden umstandslos der Vergangenheit zugeschlagen. In Schönhubers Propaganda macht Gerhard Paul, der über die NS-Propaganda vor 1933 und die Normalisierung des Rechtsextremismus gearbeitet hat, »die alte Methode des Brandstifters, des faschistischen Agitators« aus und verweist mahnend auf die NS-Ära: »Wohin die Gefühlspropaganda und die Ausgrenzung und Entrechtung ganzer Populationen führen kann, hat uns der deutsche Faschismus anschaulich vor Augen geführt.« Auf der anderen Seite betrachtet er die Unfähigkeit der etablierten Parteien, »befriedigende Antworten auf die Fragen von Schönhubers Wähler zu geben«, zu Recht als Triebfeder eines »weiteren Anstiegs der neuen Rechtsaußenpartei.« Die Argumentation ist zumindest inkonsistent.

Auf die Frage: »Zu welchem Ende studiert man Faschismus?« gibt der Kasseler Gesellschaftswissenschaftler Eike Hennig die Antwort: Es sei »die wesentliche Aufgabe einer Analyse des Faschismus, dessen Auswirkungen auf die Gegenwart und deren fortbestehende latente Disposition für eine neuerliche faschistische bzw. ›faschistoide‹ Wendung zu erhellen. Faschismusanalyse stellt die Gegenwart ins Licht der Geschichte«, der »faschistischen Vergangenheit«[8]. Die Forderung ist zumindest mißverständlich, denn sie ließe sich dahingehend interpretieren, das Wesentliche sei es, eindimensional die Kontinuitätslinien herauszuarbeiten, die auf Faschismus zulaufen.

Der Berliner Rechtsextremismusforscher Richard Stöss stimmt der Kontinuitätsthese auf der einen Seite zu, wenn er von der »stillen, unaufhaltsamen Wiederkehr der Gestrigen« spricht und über die Nachkriegszeit behauptet: »In allen gesellschaftlichen Bereichen Westdeutschlands hat es unübersehbare personelle Kontinuitäten von der faschistischen zur postfaschistischen Periode gegeben.« Doch er gesteht ein: »Der Anteil von Nazis in bestimmten Berufsgruppen (z. B. Lehrer, Juristen, Soldaten) oder in den mittleren und höheren Führungsgruppen ist [. . .] nicht bekannt.« Auf der anderen Seite sieht er für den heutigen Erfolg des Rechtsextremismus vorrangig aktuelle Ursachen: »Die sehr komplexen Erfolgsbedingungen des Rechtsextremismus wurzeln überwiegend in den aktuellen Verhältnissen der Bundesrepublik. Daher muß vor einem zu engen und einseitig historisch fixierten Begriff des Antifaschismus gewarnt werden.«[9] Die Kontinuitätsthese hat bei ihm also nur eingeschränkte Gültigkeit und steht in seiner Gewichtung nicht an erster Stelle. Bei anderen hat sie sich verselbständigt und gehört mittlerweile zu solchen Sätzen, die früher einmal etwas Reales beschrieben, dem Untergang dieser Realität aber nicht in den eigenen Tod folgten, sondern als leblose Formeln aufbewahrt werden.

In einer Broschüre der Grünen gegen die REPs macht Siegfried Jäger, Leiter des »Duisburger Instituts für Sprach- und Sozialforschung« (DISS), »in der deutschen Geschichte eine Kontinuität auf direkt [!] faschistischer Ebene« ausfindig und »eine über die Jahre des Faschismus zurückgehende nationalistisch-chauvinistische Ideologie, die sich personell, ideell-weltanschaulich und institutionell festmachen läßt«. Er folgert daraus, »daß der heute gängige Begriff der Nation auch biologistisch verankert ist. Es wäre das beste, ganz auf ihn zu verzichten!«[10] Damit ist bereits der Problemkomplex Nation/Nationalismus angesprochen (vgl. S. 135 ff.): Nicht nur bei Siegfried Jäger muß die nachgezogene Kontinuitätslinie von heute zurück zum Faschismus dazu herhalten, jeglichen Bezug auf Nation in Verruf zu bringen.

Sowohl der Zugang an den Faschismus bzw. den Rechtsextremismus als auch an die Nation ist substantialistisch: Es wird versucht, eine Art schädlicher Essenz herauszudestillieren, die zu beseitigen wäre. Dieses substantialistische (oder essentialistische) Denken verkennt, daß die gesellschaftliche Welt wesentlich aus Beziehungen besteht und ihr nur durch Aufspüren dieses zunächst unsichtbaren Beziehungsgeflechts oder »Netzwerks«, der relationellen Konfigurationen (Norbert Elias) beizukommen ist. Die gesellschaftliche Realität ist wesentlich relationell, und wer den Blick auf eine isolierte Sache außerhalb ihrer Relationen richtet und nicht auf Beziehungen und Verhältnisse, riskiert, daß ihm das Wesentliche entgeht. Das bedeutet, daß Rechtsextremismus nicht als ein isoliertes Ding zu denken ist, dessen Ursprung auf böse Zeiten zurückgeht, sondern als ein Produkt der Moderne, bestimmbar allein innerhalb des gesellschaftlichen Beziehungsgeflechts, der Beziehungen des politischen Feldes, also im Verhältnis zu anderen gesellschaftlichen Kräften, die natürlich historische Wurzeln aufweisen.

Es soll keineswegs bestritten werden, daß eine ungebrochene Kontinuität bestehen kann: Der Movimento Sociale Italiano (MSI), bereits 1946 entstanden und seit 1948 stets im Parlament vertreten, ist ein solches Beispiel. Aber in der Bundesrepublik ist die Kontinuitätslinie strittig und keineswegs eindeutig. Es ist zweifellos wichtig und wünschenswert, die historischen Hintergründe und Bezüge aufzuzeigen, doch kommt es weniger auf die Kontinuität einzelner Elemente und Ideen an als auf ihre (Wirk)Mächtigkeit, ihre Intensität und ihren Zusammenhang, die zu einer eigenen Qualität führen können. Pauschale Hinweise auf die NS-Vergangenheit – z. B. das drohende »Wir werden von unserer Geschichte eingeholt«[11] – sind wenig zweckdienlich.

Die Wahlforschung widerspricht der Kontinuitätsthese. Neueren französischen Untersuchungen zufolge weist das typische rechtsextreme Wählerprofil vier Charakteristika auf[12]: 1. Die Wählerschaft ist überwiegend männlich, wohingegen Frauen (in Frankreich, aber auch in der Weimarer wie der frühen Bundesrepublik) stärker der traditionellen Rechten zuneigten; 2. die Erst- und Jungwähler (bis 25 Jahre) sind überproportional stark vertreten, wohingegen die traditionelle Rechte eine überalterte Wählerschaft hat und auch die NPD in den sechziger Jahren eher die ältere Generation ansprach; 3. die städtischen Agglomerationen, die Großstädte sind Hochburgen des Rechtsextremismus geworden, wohingegen die traditionelle Rechte eher bei der Landbevölkerung überdurchschnittlich hohe Ergebnisse erzielte; 4. insbesondere wenig religiöse und wenig kirchengebundene Menschen wählen rechtsextrem, während die traditionelle Rechte im katholischen Milieu überrepräsentiert war. Der Rechtsextremismus ist – so Claus Leggewie – »Ausdruck einer umfassenderen Krise der Stadt, des Verfalls der Nachbarschaften und Subkulturen«[13]. Die Wählerschaft der rechtsextremen Nationalen Front ist nicht ein Sammelbecken der Ewiggestrigen, sondern Ausdruck einer modernen großstädtischen Malaise, die gerade junge Leute erfaßt. Die »Grünen« werden gewählt, weil sie symbolisch für ernstgemeinte Ökologie stehen, und die Rechtsextremisten, weil sie das Migrationsproblem benennen.[14]

Die Vertreter der Antifa-Strategie definieren selten die Begriffe »Faschismus« und »Antifaschismus«, und eine Verwendung als »Kampfbegriff« ist gang und gäbe. Da der Faschismusverdacht, die bloße Verdächtigung, (neo)nazistisches Gedankengut zu vertreten, zur Diffamierung des politischen Gegners ausreicht, ist es ein wissenschaftliches Gebot, die inflationäre Verwendung des Begriffs zurückdrängen.

Antifaschismus bleibt eine vage Parole, solange nicht geklärt ist, was unter Faschismus zu verstehen ist und ob das gegenwärtige Erstarken rechtsextremer Parteien unter diesen Begriff subsumierbar ist. Wer die inflationäre Verwendung des Begriffs »faschistisch« scheut, dem wird unisono eine Verharmlosung der »Republikaner« zum Vorwurf gemacht. In Wirklichkeit verhält es sich umgekehrt: Die »Republikaner« »Neonazis« zu nennen ist eine Verharmlosung und Banalisierung der Nazis.

Die Antifa-Strategen haben Widerspruch hervorgerufen: Sie wären – so der Gießener Politikwissenschaftler Claus Leggewie – gut beraten, wenn sie in der gegenwärtigen Situation genau hinsehen und nicht reduzieren. Wenn schon von Antifaschismus die Rede sein soll, dann mit der notwendigen Selbstkritik in bezug auf die inflationäre und lässige Verwendung des Begriffs: »Es ist doch [. . .] ein gewaltiger Unterschied, ob man eine nationalsozialistische Herrenrassenideologie und damit einen Herrschafts- und Vernichtungsanspruch auf der ganzen Welt formuliert oder ob man, wie die neue Rechte, von der ethnopluralistischen Vorstellung einer multikulturellen Gesellschaft von rechts ausgeht, in der sich alle Kulturen nebeneinander entwickeln können. Das ist doch wohl etwas Neues und es nützt nichts, immer zu wiederholen, daß es Nazis, Nazis, Nazis sind.«[15] Sprüche wie »Nazis raus« oder »Schlagt die Faschos, wo ihr sie trefft« zeugen von der Hilflosigkeit eines Antifaschismus, der vornehmlich aus moralischer Empörung gespeist ist.

Bei der Auseinandersetzung um Rechtsextremismus ist die NS-Vergangenheit, das Verhältnis zum Vorgängerstaat, als impliziter oder expliziter Bezugspunkt präsent. Diese Einbeziehung der Geschichte hat zwar ihre Berechtigung, aber sie wird problematisch, wenn der Hinweis auf die besondere deutsche Geschichte dazu dient, unliebsame Fragen fernzuhalten und damit zu tabuisieren.

Der inflationäre Gebrauch des Faschismusbegriffs ist Indiz für mangelnde Faschismuskenntnisse. Eike Hennig fordert zu Recht einen kritischen Umgang damit: Wenn der Begriff »als politische Waffe nicht verschlissen werden soll, dann darf er nicht zur beliebig handelbaren Scheidemünze herabsinken, sondern muß ein mit Bedacht verwendeter Begriff und ein mit Absicht gesetztes Fanal sein«[16]. Solche Einschätzungen finden bislang zu wenig Gehör, obwohl zu konstatieren ist, daß sich inzwischen erfreulicherweise umsichtige Stimmen mehren, die ein wertvolles Korrektiv zu simplifizierenden Darstellungen bieten.

Auch Richard Stöss mahnt zu Umsicht bei der Begrifflichkeit und zu differenzierter Argumentation: »›Faschist‹ ist ein politisches Schimpfwort. Vorzugsweise sehen sich Konservative als rechtsextrem, faschistoid oder faschistisch denunziert; gelegentlich wird der Vorwurf des Faschismus aber auch gegenüber der Linken erhoben. Das Ziel ist jeweils die Diskreditierung des politischen Gegners – mit dem Ergebnis allerdings, daß Faschismus verharmlost wird: Wenn kein Unterschied zwischen Konservatismus und Faschismus besteht, kann Faschismus so schlimm nicht sein.«[17]

Antifaschismus darf nicht dazu dienen, andere auf den Index zu setzen und Schuldgefühle hervorzurufen. Der *taz*-Redakteur Klaus Hartung kritisiert, daß seit dem Erstarken der Reps »wieder der Kampf gegen die Gefahr von rechts angesagt« sei: »Das antifaschistische Unterschriftenkartell mobilisiert. Tagesbefehl: ›Wehret den Anfängen‹ ... Als kollektive Kassandra für die Gefahr von rechts zeigen wir natürlich, daß wir die Lehren von 1933 begriffen haben. Der eifernde Überschuß hinterläßt jedoch einen Nachgeschmack. Es kommen Zweifel auf, ob der Kampf gegen die rechte Gefahr sich auf ein Begreifen der Geschichte des Nationalsozialismus berufen kann ... Unheimlich finde ich auch die Sucht, mit den ›Republikanern‹ von heute die nationalsozialistische Bewegung von damals zu schlagen und die Weimarer Republik nachträglich zu retten ... Überhaupt, gibt es nicht ein mächtiges Bedürfnis der Linken nach rechter Gefahr?«[18] Er problematisiert die »Selbstgerechtigkeit« der »öffentlichen Inszenierung« des Antifaschismus[19].

Bei den Vertretern der Kontinuitätslinie besteht generell die Tendenz, das Neuartige auf Altbekanntes zurückzuführen – so beispielsweise der Tenor der Politologin Margret Feit: Wenn heute jemand »kulturelle Identität« sage, sei das bloß der alte Rassegedanken in neuem Gewand, die Neue Rechte sei mithin nicht wirklich neu, sondern durchaus traditionell[20]. Auf diese Weise wird die neue Qualität verkannt und das Augenmerk auf Zweitrangiges verlagert und dies zum Wesentlichen stilisiert. Die – französische – Neue Rechte ist nicht zuletzt auch als Reaktion auf die Neue Linke sowie eine vorgebliche »kulturelle Hegemonie« der Linken, die es zu brechen gelte, entstanden. Bekannt geworden – und zwar über die eigenen Landesgrenzen hinaus – ist diese Neue Rechte nicht aus eigener Kraft, sondern durch eine fehlgegangene Attacke der linken und liberalen Presse, die sich im Sommer 1979 vorgenommen hatte, die »kulturellen Neofaschisten« zu demontieren. Doch durch die inhaltliche und theoretische Wertlosigkeit erreichte die Kritik das Gegenteil des Gewünschten: Die Neue Rechte konnte die gebotene Gelegenheit nutzen, um sich öffentlichkeitswirksam als salonfähig zu präsentieren. Sie zeigte, daß sie mit dem historischen Faschismus nichts gemein hat und daß der traditionelle Antifaschismus an ihr vorbeizielt.

Das Ende des antifaschistischen Konsenses – in Deutschland wie in Frankreich – war damit eingeläutet: Eine aufgeklärte Öffentlichkeit hatte sich in der Nachkriegszeit in Sicherheit gewiegt, denn ihre antifaschistische Überzeugung hatte sich jahrzehntelang, u. a. gegen die NPD, bewährt. Doch mit der Neuen Rechten war ein Gegner auf den Plan getreten, der eine zukunftsträchtige Programmatik erarbeitet hatte: Dazu gehörten die klare und unmißverständliche Distanzierung von Hitler und (Neo)Nazis und das Aufgreifen »linker« Themen. Die Neue Rechte rechnete mit dem linken Antifa-Reflex, der nicht auf sich warten ließ: Statt das grundlegend Neue zu erkennen, fochten Antifa-Strategen alte Kämpfe aus und verfehlten damit den neuen Gegner. Die – von der Alten Rechten verachtete – Theoriearbeit hatte sich ausgezahlt, und zwar zu einem Zeitpunkt, als sich in der Linken tiefe Theoriemüdigkeit und eine simple Betroffenheitsrhetorik breitgemacht hatte.

Eine Auseinandersetzung mit der Neuen Rechten, die deren Themen auf Altbekanntes reduziert, verkennt die Herausforderung, denn die Neue Rechte liegt mit ihren Themen und Strategien nahe bei denen der Neuen Linken. Nur einige Thesen seien genannt: Der Hauptgegner der Neuen Rechten ist nicht der Kommunismus, sondern der US-amerikanische Westen. Sie plädiert für einen Dritten Weg gegen die Supermächte. Sie verfolgt eine »metapolitische« Strategie, die vor der Eroberung der politischen Macht die Erkämpfung einer »kulturellen Hegemonie« (Gramsci) legt. Sie spricht sich gegen einen Monotheismus aus, sieht sich als antiklerikal und heidnisch – die Neue Linke sieht sich als laizistisch. Sie tritt für einen Befreiungsnationalismus ein – so wie die Linke einst für die kubanische oder vietnamesische Befreiungsbewegung. Sie vertritt eine nominalistische Grundhaltung: Das Universelle existiere bloß als Name, und das Volk habe einen höheren Stellenwert als der Mensch und damit die Menschenrechte, die seit Marx von der Linken kritisch ins Visier genommen werden. Die »Unterschiedlichkeit« ist ihre Grundannahme – »multikulturelle Gesellschaft« heißt für viele Linke Recht auf Unterschiedlichkeit. Sie diagnostiziert eine Krise der Moderne und der europäischen Zivilisation; es geht ihr um eine Wiedergeburt Europas, aber sie ist gegen das eurozentristische Weltbild und für das Selbstbestimmungsrecht der Völker einschließlich des Rechts auf eigene Kultur (Ethnopluralismus, d. h. Vielgestaltigkeit der Ethnien). Sie setzt die Gleichwertigkeit aller Kulturen voraus. Sie tritt für Eliten ein – und viele Linke haben ein gewisses Mißtrauen gegenüber dem »Volk«. Sie ist für einen Primat der Politik gegenüber der Ökonomie – die Linke kritisiert die Herrschaft der ökonomischen Sachzwänge. Sie greift ökologische Themen auf, tritt für Umweltschutz ein und gegen umweltzerstörerische Techniken ...

Die Aufzählung ließe sich fortsetzen. Die Neue Rechte zwingt dazu, viele Themen neu zu durchdenken. Reicht es beispielsweise, Universalismus pauschal gegen Partikularität und damit Nationalismus auszuspielen oder eine multikulturelle Gesellschaft gegen eine »völkische«? Eine Reihe von Fragen ließe sich aufwerfen, z. B. ob Ethnopluralismus das Kernelement der neurechten Ideologie ist, aber hier kann es nicht darum gehen, die thematische Entwicklung der Neuen Rechten ausführlich nachzuzeichnen und zu beurteilen[21]. Wo liegt der Unterschied zwischen der Neuen Rechten und der Linken? Wie ein roter Faden durchzieht die neurechte Argumentation ein ständischer Kollektivismus und eine Festlegung auf Zwänge, die aus diesem Ordo-Denken resultieren, z. B. aus der Zugehörigkeit zu einer »Ethnie«, die als unwandelbar gedacht wird.

Gegen solche Themen und Strategien ist mit einer traditionellen antifaschistischen Argumentation, die vornehmlich »nationalistische« oder sogar »nationalsozialistische Mentalitätsbestände« (Funke) ausmacht, nicht anzukommen. Die Frage, unter welchen Bedingungen diese latenten NS-Mentalitätsbestände »in Aktualität umschlagen und politisch genutzt werden« können (Funke), zielt in dieselbe vergangenheitsorientierte Richtung. Als Gegenrezept dient der »Abbau von Vorurteilsbereitschaft und nationalistischen Mentalitätsbeständen«[22], doch bleibt unklar, wie dieser Abbau falschen Bewußtseins vor sich gehen könnte.

Treffender argumentiert Peter Glotz, der – in bezug auf einen Vertreter der deutschen Neuen Rechten – unmißverständlich feststellt: Er »argumentiert vollständig anders, als es die alte Rechte getan hat, nicht mit machtstaatlichem Anspruch, nicht mit historischer Größe, sondern mit Begriffen der kulturellen Vielfalt, der Dezentralisierung, einer sanften Technik«[23]. Solche klarsichtigen Einschätzungen konnten sich bislang gegenüber den unbeirrbaren Anhängern der Kontinuitätsthese nicht durchsetzen.

Mittlerweile gilt auf mehreren Gebieten, daß die Neue Rechte und gewitzte Rechtsextremisten politisches Kapital aus Ungereimtheiten linker wie rechter Konzeptionen schlagen, daß sie also durchaus modern sind. Die Neue Rechte zwang die Linke anzuerkennen, daß die Ergebnisse des Wohlfahrtsstaats zweideutig sind. Sie hat gezeigt, daß Verteilungsgerechtigkeit zu Bürokratie, Überwachung und Einschränkung individueller Wahlfreiheit führen kann. Offenbar hat die Linke einige Probleme zu hastig beiseitegeschoben, indem sie Demokratie zum primär anzustrebenden Ziel gemacht hat. Damit vertraut sie bedingungslos demokratischer Vernunft – zur Bestimmung positiver, gerechter, sozialer Ziele. Aber kann »dem Volk« immer vertraut werden? Ist es gerecht gegenüber Minderheiten, Marginalen, Arbeitslosen, alleinerziehenden Müttern, Homosexuellen, Schwarzen, Obdachlosen, Armen, Unpopulären? Ist Demokratie immer weise und gut? Ist Demokratie eine Garantie für die

Rechte und Freiheiten der Individuen und Bürger? Nicht notwendigerweise, wie populistische Bewegungen beweisen. Diese Erfahrungen machen nicht optimistischer im Hinblick auf kollektive demokratische Entscheidungsprozesse oder zu deren Verteidigung bereit. Es ist keinesfalls sicher, daß ein Mehr an Demokratie von sich aus die Probleme löst. Nicht alle Resultate und Entscheidungen, die demokratisch zustande gekommen sind, verdienen selbst das Qualifikativ demokratisch. Das Demokratische liegt im Prozeß des Zustandekommens, in der Art und Weise des Findens, im Entscheidungsprozeß.

Sowohl die Linke als auch die traditionelle Rechte können auf neurechte Herausforderungen reagieren und brauchen nicht abzuwarten, bis Rechtsextremisten aus einer ökonomischen Krise, einer sozialen Malaise, aus politischen Unzulänglichkeiten, aus theoretischen Defiziten politisches Kapital schlagen. Nur die eigenen ideologischen Scheuklappen verhindern, daß sie sich dieser Herausforderung auf angemessene Weise stellen. Die von Vertretern der Antifa-Strategie vorgelegten »Untersuchungen« sind selten seriös; die Analyse von Rechtsextremismus ist häufig unpräzise oder sogar unbrauchbar, weil es in vielen Fällen einfach darum geht, Stimmung zu machen und das eigene Lager zu stabilisieren.

Die Aufarbeitungs-Strategie

Viele Linke haben die Aufarbeitung der NS-Vergangenheit zu einer Daueraufgabe, die dem Rechtsextremismus den Boden entzöge, hochstilisiert. Sie plädieren für eine permanente Geschichtslektion über die NS-Zeit und behandeln diese Forderung wie ein Gebot, gegen das nicht verstoßen werden dürfe. Im folgenden werden sie als Vertreter der Aufarbeitungsstrategie bezeichnet.

Plädoyers für eine verstärkte Aufarbeitung der Vergangenheit sind so zahlreich, daß hier nur einige markante als Beispiele erwähnt werden können: Richard Stöss zufolge ist »die kritische Auseinandersetzung mit der Nazi-Vergangenheit nach 1945 dem Wiederaufbau und der Westintegration zum Opfer gefallen«[1]. Diese Diagnose mag für die Zeitspanne vom Ende des Zweiten Weltkriegs bis in die späten sechziger Jahre zutreffen, aber für die Jahre nach 1968 ist sie überspitzt, wenn nicht falsch, weil die Studentenbewegung in dieser Hinsicht einiges in Bewegung gebracht und eine verstärkte Hinwendung zur Beschäftigung mit der NS-Zeit bewirkt hat. Wolfgang Wippermann fordert, die Vergangenheitsverarbeitung müsse forciert werden. Richard Ströss stimmt ihm zu: »Eine kritische Verarbeitung der NS-Vergangenheit hat so gut wie nicht stattgefunden.«

Da sich über Glaubensbekenntnisse schlecht diskutieren läßt, muß an dieser Stelle auf den Streit um die Aufarbeitung der Vergangenheit eingegangen werden: Das Spektrum des Umgangs mit der NS-Vergangenheit reicht von Klagen über versäumte »Vergangenheitsbewältigung« und »mangelnde Aufarbeitung der Vergangenheit« (Hajo Funke) bis hin zu der Forderung nach einem »Schlußstrich«, die auf Exkulpation angelegt ist. Der

Begriff »Vergangenheitsbewältigung« steht seit 1945 – wie der Frankfurter Erziehungswissenschaftler Peter Dudek herausgearbeitet hat – für die »Mahnung vor dem Vergessen der Geschichte, als Aufforderung zur kritischen Auseinandersetzung mit der NS-Ära, als Leitbegriff von Defizit-Diagnosen in der politischen Kultur sowie als Orientierung für die Praxis politischer Bildung«[2]. Das Schlagwort von der »unbewältigten Vergangenheit« verdeckt, daß der Terminus ursprünglich eine Vergangenheit meinte, die sich angesichts des Unfaßlichen und Unsäglichen »angemessen« überhaupt nicht verarbeiten läßt. Das *Wie* der Aufarbeitung entscheidet mit darüber, inwiefern sie »gelingt«. Bei jeder Vergangenheitsverarbeitung handelt es sich um einen unabgeschlossenen und unabschließbaren Prozeß.

Verschiedene Etappen der Aufarbeitung lassen sich unterscheiden: In der Nachkriegszeit haben die Deutschen ihre Energien in den Wiederaufbau gesteckt und die NS-Ära mit Schweigen bedacht. Seit Ende der sechziger Jahre läßt sich, angestoßen durch die Studentenbewegung, die die individuellen Unschuldsbeteuerungen der Elterngeneration in Frage stellte und sie als Täter und Mittäter angriff, eine verstärkte Sensibilisierung der Öffentlichkeit für die NS-Vergangenheit feststellen, und zugleich werden seither lautstark Versäumnisse angemahnt. Inzwischen ist die Mehrheit der deutschen Bevölkerung auf Information über diese Zeit und Interpretation angewiesen, weil alle, die sie miterlebt haben, allmählich aussterben.

Die Vergangenheit bleibt eine Herausforderung, weil es nicht in unserem Ermessen steht, ob wir uns an die Verbrechen des NS-Regimes erinnern lassen wollen oder nicht. In der Gegenwärtigkeit der Vergangenheit liegt ein konstitutives Element unserer historischen Identität. Die Vergangenheit aufzuarbeiten ist nicht nur eine Forderung, sondern ein Prozeß, der sich seit 1945 vollzieht.

In den achtziger Jahren ist es in Mode gekommen, Tabus zu

brechen, und Bernd Ulrich, damals wissenschaftlicher Mitarbeiter der Grünen im Bundestag, prangert die Linke an als »Betreiberin der Tabuisierung« und »Gralshüterin des braven Antifaschismus«: »Auf keinem Politikfeld liegen die Minen so dicht. [. . .] Ein falsches Wort oder ein vergessenes Faktum, das einem überall verziehen wird – hier ist es tödlich.«[3] So geschehen beim Rücktritt des Bundestagspräsidenten Philipp Jenninger nach seiner umstrittenen Gedenkrede zum 50. Jahrestag der Judenpogrome vom 9. November 1938 im Bundestag.

Bestimmte Themen – wie der Gedanke einer Faszination durch das NS-Regime – lassen sich nicht ansprechen, weil Denkverbote wirksam sind. Der Bielefelder Experte für Rechtsextremismus, Wilhelm Heitmeyer, nannte »die häufig gestellte Frage, was Rechtsextremismus für Jugendliche so attraktiv mache, ›gefährlich‹«[4]. Am Streit um Philipp Jenningers Rede läßt sich die Wirkung dieser Denkblockade aufzeigen; Bernd Ulrich meint dazu: »Links wie rechts blieben die Begründungen, warum der Mann zurücktreten mußte, unklar und widersprüchlich. Mehr als das heftige Gestikulieren der Abgeordneten, die bei seiner Rede den Bundestag verlassen haben, kam auch in den Zeitungskommentaren nicht heraus. Das hat einen einfachen Grund: Er hat nichts gravierend Falsches gesagt. Er hat statt dessen gegen den ebenso komplexen wie ungeschriebenen Knigge des braven Antifaschismus verstoßen.«[5] Es ist höchste Zeit, von diesen Mythen und Tabuisierungen Abschied zu nehmen.

Zwischen Verdrängungsvorwurf und Schlußstrichforderung

Die Aufforderungen, die Geschichte aufzuarbeiten, sind schon lange inflationär. Zwei Lager haben sich gebildet und stehen einander gegenüber: Das eine beklagt pauschal die Verdrängungen der NS-Geschichte und mahnt die noch ausstehende Aufarbeitung an, das andere Lager bezeichnet diese Forderung als Fortsetzung der Entnazifizierung und Umerziehung und fordert einen Schlußstrich. Zwar können beide Lager mit bestätigenden Beispielen aufwarten, aber eine systematisch oder empirisch zureichend abgesicherte Studie steht aus.

Das Problem der Aufarbeitung der Vergangenheit ist kein spezifisch westdeutsches: Die DDR hat aus ideologischen Gründen eine politische und finanzielle Haftung für die NS-Verbrechen stets abgelehnt. Sie hat ihr Selbstverständnis aus einem verordneten Antifaschismus abgeleitet und die »fortschrittlichen« Traditionen deutscher Geschichte für sich in Anspruch genommen. In Österreich blieb die Auseinandersetzung jahrzehntelang von der Legende bestimmt, das Land sei das erste Opfer der NS-Aggression gewesen. Eine solche Selbststilisierung ließ die Frage, welchen Anteil Österreich an der Stabilisierung des NS-Regimes hatte, als abwegig erscheinen.

In Frankreich galt bis Ende der sechziger Jahre der gaullistische Mythos, die Kollaboration sei auf Druck der Deutschen zustande gekommen und das Vichy-Regime sei ein Betriebsunfall der Geschichte, im Grunde genommen »unfranzösisch«: Die Résistance habe die Flagge der Revolutionsideale »liberté – égalité – fraternité« während der dunklen Jahre hochgehalten und die besten Traditionen verkörpert. Tapfer habe das eigentliche Frankreich vier Jahre lang Widerstand geleistet und seine Ehre und Freiheit zurückerobert, als es die Besatzungstruppen vertrieb, darin ein wenig von den Alliierten unterstützt. Eine Reihe von kurzen Prozessen habe das unselige Zwischenspiel beendet, und die französische Republik brauche nicht neu ausgerufen zu werden, weil sie nie zu Ende gegangen war.

In der Bundesrepublik nahmen sich Mitte der achtziger Jahre Zeitgeschichtler des Themas an, um über die lange üblichen Lamentos – Mangel an »Vergangenheitsbewältigung« bzw.

Schlußstrich-Forderung ihres Widerparts – hinauszugehen. Diese erneute Konjunktur steht einerseits mit dem »Historikerstreit«, andererseits mit der »politischen Wende« und mit den Diskussionen um die nationale Identität der Deutschen im Zusammenhang. Drei Bewertungen der unterschiedlichen Aufarbeitungsformen lassen sich unterscheiden:

Die Vertreter der *ersten* und traditionsreichsten Position beschreiben die Auseinandersetzung mit dem NS-Regime vorwiegend in Kategorien des Verdrängens und Vergessens und prangern sie als politisch-moralischen Skandal an: so z. B. Ralph Giordano oder Alexander und Margarete Mitscherlich, die aus sozialpsychologischer Sicht die These vertreten haben, daß eine »Abwehr der mit der Nazivergangenheit verbundenen Angst-, Schuld- und Schamgefühle durch die Verdrängung bzw. Verleugnung des Nationalsozialismus erfolgt«[6].

Die Vertreter der *zweiten* Position behaupten, in der Bundesrepublik habe eine in der Menschheitsgeschichte wohl einmalig intensive Auseinandersetzung mit der NS-Vergangenheit stattgefunden[7]. In keinem anderen Land werde dieser Zeit solche Aufmerksamkeit geschenkt, und trotz aller Mängel sei die Vergangenheitsbewältigung als erfolgreich anzusehen. Dieser These hat die Linke vielfach widersprochen: Im Vergleich zur DDR mag sie zwar plausibel klingen, aber gemessen am Wünschbaren sei z. B. die Anerkennung des antifaschistischen Widerstands alles andere als gesellschaftlicher Konsens gewesen.

Vertreter der *dritten* Position nehmen Bezug auf den Historiker Martin Broszat und kritisieren, daß der »Nazi-Schock« noch immer wirke: Diese Epoche sei inzwischen zu einem »abgeschotteten moralischen Paradigma« deutscher Geschichte geworden, in dem alle Ereignisse und Maßnahmen des Dritten Reiches unter dem Aspekt der Herrschaftsstabilisierung interpretiert würden. Diese Tendenz führe zu einer »hermetischen Abschottung« der zwölf Jahre gegenüber Vergangenheit und Zukunft.

Neuere Befunde der Alltags-, Regional- und Sozialgeschichte zeigten jedoch, daß die These von einer alles umfassenden Gewaltherrschaft überzeichnet sei. Der NS-Zeit dürften die Forscher künftig nicht mehr »eine Art methodischer Sonderbehandlung angedeihen lassen« – so Martin Broszat im Mai 1985 in der Zeitschrift *Merkur*[8]. Der Ort des NS-Regimes in der Geschichte sei neu zu bestimmen. Manche bislang tabuisierte Nachwirkung der NS-Zeit sollte ohne pauschale Denunziation in den Blick genommen werden. Broszat fordert eine »Historisierung« des NS-Regimes, denn auch die Pauschaldistanzierung sei eine Form der »Verdrängung und Tabuisierung«. Das Postulat der Historisierung wurde von interessierter Seite als Plädoyer für Relativierung durch Vergleich gedeutet oder für Auflösung der zwölf Jahre NS-Zeit in einer tausendjährigen deutschen Geschichte. Für den Berliner Historiker Ernst Nolte, der mit seinem Artikel »Die Vergangenheit, die nicht vergehen will«[9] den sogenannten Historikerstreit auslöste, ist Normalisierung in Sachen NS-Regime gleichbedeutend mit Relativierung der Greuel.

So weit die drei Hauptpositionen. Im Streit um die effiziente Bekämpfung des Rechtsextremismus sind Vertreter der ersten Position überaus präsent. Die These der fehlenden Aufarbeitung ist zwar weder neu noch originell, sie wiederholt nur in einem »radikalen moralischen Gestus« das, was seit den fünfziger Jahren immer wieder behauptet wurde: Die NS-Vergangenheit werde verleugnet und verdrängt, es herrsche ein »großes« oder »kollektives« Schweigen, und die Aufarbeitung liege im argen. Die stete, geradezu obsessive »Wiederholung solcher Pauschalurteile bestätigt noch nicht ihren Wahrheitsgehalt«[10].

Doch die Protagonisten dieser These scheinen bei Gustave Le Bon in die Schule gegangen zu sein: »Die reine, einfache Behauptung ohne Begründung und jeden Beweis ist ein sicheres Mittel, um [. . .] eine Idee einzuflößen. Je bestimmter eine Behauptung, je freier sie von Beweisen und Belegen ist, desto mehr Ehrfurcht erweckt sie. [...] Die Behauptung hat [...] nur dann wirklichen Einfluß, wenn sie ständig wiederholt wird, und zwar möglichst mit denselben Ausdrücken. [...] Das Wiederholte setzt sich schließlich in den tiefen Bereichen des Unbewußten fest, in denen die Ursachen unserer Handlungen verarbeitet werden. Nach einiger Zeit, wenn wir vergessen haben, wer der Urheber der wiederholten Behauptung ist, glauben wir schließlich daran.«[11] Folglich erscheint eine Behauptung um so überzeugender, je dreister sie vorgetragen und wiederholt wird.

Ob jemand die Thesen über die »verdrängte« Vergangenheit bekräftigt oder ablehnt, hängt davon ab, welche Kriterien er für eine erfolgreiche Aufarbeitung anlegt. Da jedoch konsensfähige Beurteilungsmaßstäbe nicht existieren, bleibt die Frage ein »offenes Feld für politische Instrumentalisierungen, für selbstgerechtes Moralisieren und ein Tummelplatz für häufig nicht sehr sachkundig vorgetragene Defizitdiagnosen« – Peter Dudek bringt zahlreiche einschlägige Beispiele bei[12]. Bernd Ulrich hat die Aufarbeitungsbefürworter mit der Frage konfrontiert: »Was müßte eigentlich dieses Volk anstellen, um eine hinreichende Aufarbeitung des Faschismus zu leisten? Ist nicht die Vorstellung, daß irgendwer, irgendwann, irgendwas vollständig ›verarbeitet‹ haben könnte, eine typische Verrücktheit deutscher Gründlichkeit?«[13]

Bei der Diskussion geht es zugleich um eine angemessene Einschätzung der NS-Periode. Die Frage der Singularität steht im Zentrum der Debatte. Der Hinweis, daß die Behauptung der Singularität der NS-Gewaltverbrechen den Vergleich voraussetze, ist logisch korrekt. Wer jedoch die unterschiedlichen Massaker in der Weltgeschichte in komparativer Absicht mit identischen Maßstäben analysiert, »muß unvermeidlich strukturell relativieren« (Imanuel Geiss).

Aus der Singularitätsthese meinen die Verfechter der Aufarbeitungsstrategie die Folgerung ableiten zu können, daß Rechtsextremismus in Deutschland ebenfalls singulär sei, also kein für hochentwickelte Industrieländer »normales« Phänomen, vergleichbar etwa mit Rechtsextremismus in Frankreich, Großbritannien, den USA oder Italien. Diese These bedürfte zwar einer differenzierteren Betrachtung, gleichwohl sind Zweifel erlaubt, ob sie sich aufrechterhalten läßt. Deutscher Rechtsextremismus ist sicherlich etwas anderes als Rechtsextremismus in Frankreich oder Großbritannien, aber für eine heutige Singularität, die sich aus einer singulären Vergangenheit herleiten ließe, gibt es keine überzeugenden Argumente.

Anders steht es mit der These der Singularität des NS-Regimes. Saul Friedländer, der in Tel Aviv und Los Angeles Geschichte lehrt, äußerte die Vermutung, daß »das Sich-Konzentrieren auf die spezifisch kriminelle Dimension« am traditionellen Bild vom NS-Regime »zu einfach« war, und sieht Historisieren nicht als gleichbedeutend mit Relativieren an. Er plädiert dafür, die verallgemeinerte »moralische Gesamtquarantäne« über die NS-Epoche aufzuheben. Als singulär am NS-Regime betrachtet er mit Hannah Arendt den Versuch, zu bestimmen, »wer die Erde bewohnen dürfe und wer nicht«: Einen solchen Versuch habe kein anderes Regime unternommen[14]. Die analoge Frage müßte nun lauten, was am heutigen Rechtsextremismus in Deutschland singulär ist. Eine überzeugende Antwort steht bislang aus.

Zurück zur Aufarbeitungsthese: Als Grund für das Erstarken des Rechtsextremismus in Deutschland führt beispielsweise Ralph Giordano an, es habe »keine wirkliche Aufarbeitung des Nationalsozialismus gegeben«, und damit ist das Gegenrezept, nämlich die verstärkte Aufarbeitung der NS-Vergangenheit, bereits angedeutet. Die Ursachen für Rechtsextremismus legt Giordano in die »häßlichen Deutschen« hinein: Diese »häßlichen Fratzen« – die »Nazis, Neonazis, Altnazis, Faschisten, Neofaschisten, die Leute mit faschistoider Gesinnung« – suchten bloß

Vorwände, »um ihre Gewalttätigkeit auszuleben«. Diese »Gewalttätigkeit« gegen Ausländer, die ausgelebt werden müsse, geht als geprüfte Setzung in die Argumentation ein, ohne daß über Ursachen nachgedacht würde.

Eine intensivere Beschäftigung mit der Nazizeit kann jedoch die Auseinandersetzung mit den Rechtsextremisten nicht ersetzen. Eine spezifische Bedingung für den heutigen Erfolg einer rechtsextremen Partei besteht darin, daß diese Partei sich von der diskreditierten Vergangenheit permanent distanziert. Unterläßt sie dies, fällt sie in der Wählergunst. Darüber hinaus gilt, daß mit solch vergröbernder Polemik gegen Rechtsextremisten nicht anzukommen ist, denn die Wähler kennen die Distanzierungen und werden den gegenteiligen Behauptungen einiger Linker keinen Glauben schenken.

Zwischen dem Terror gegen Ausländer und dem Verhältnis der Deutschen zu ihrer Vergangenheit mag ein Zusammenhang bestehen, aber es kommt darauf an, wie dieser Zusammenhang formuliert wird. Ralph Giordano und Lea Rosh behaupten, wir hätten nicht genug für die Aufarbeitung des Holocaust getan. Ihre Begründung: Hätten wir genug getan, gäbe es keine Gewalt gegen Ausländer. Der Gedanke ist »abenteuerlich«: »Historische Pädagogik erscheint als Wundermittel zur Herstellung einer friedlichen Gesellschaft. Jede einzelne Gewalttat liefert einen neuen Beweis, daß die Pädagogik gescheitert ist.«[15] Die Gewaltakte dienen Giordano, Rosh u. a. als Beleg für die Richtigkeit der Aufarbeitungsstrategie.

Wer alle historischen Ereignisse vor der Negativfolie der NS-Zeit beurteilt, moralisiert die Geschichte. Der alleinige und verabsolutierte Bezug auf die NS-Zeit ist auch eine Art des Ausstiegs aus der eigenen Geschichte. Ernst Nolte hat insofern unrecht, als er Vergangenheit als etwas definiert, das vergeht: Vergangenheit bleibt in der Gegenwart als etwas Unreduzierbares.

Der österreichische Publizist Günther Nenning lehnt das verkürzte Verständnis von Geschichte ab und plädiert für ein Überdenken einiger linker *idées reçues*, einiger Klischees: »Geschichte – ist das, wo man gleich auf unsere Nazivergangenheit stößt.«[16] Das Unbehagen an der Aufarbeitungsstrategie und einer schlichten linken Geschichtsdidaktik nimmt zu.

Eine fatale Arbeitsteilung hat sich herausgebildet: Wenn die Linke verspricht, weiterhin die Erinnerung hochzuhalten, solange die Rechte vergißt, kann es für letztere nur funktional und sinnvoll sein, sich nicht zu erinnern, denn dadurch läßt sich die Linke bestens beschäftigen. Dieser heimlichen Komplizenschaft kommt entgegen, wer sich auf die Anmahnung der Erinnerung beschränkt. Darüber hinaus läuft eine Linke, die ihre vornehmste Aufgabe in der Verarbeitung der Vergangenheit und der Anmahnung der Erinnerung sieht, Gefahr, die Gestaltung von Gegenwart und Zukunft dem Gegner zu überlassen.

Die Repressions-Strategie

Zur Repressionsstrategie zähle ich die Palette von Vorgehensweisen gegen Rechtsextremismus, die vom Ruf nach einem Verbot rechtsextremer Parteien oder Gruppierungen über die Forderung nach Berufsverbot und administrativen Maßnahmen zur Eindämmung von Rechtsextremismus bis hin zur Propagierung linker »Gegengewalt« reicht.

Die Forderung nach Verbot und Auflösung rechtsextremer Organisationen gilt in weiten Teilen der sozialdemokratischen und gewerkschaftlichen Öffentlichkeit und im »Bund der Antifaschisten-Vereinigung der Verfolgten des Naziregimes« (VVN) als legitimes Mittel der politischen Auseinandersetzung. Nicht wenige Verfechter der Antifa-Strategie sehen im Verbot den krönenden Abschluß ihrer antifaschistischen Arbeit. Nach den Berliner Wahlen von 1989 meldeten sich innerhalb der Linken energisch diejenigen zu Wort, die im Verbot der »Republikaner« den nächsten antifaschistischen Schritt sehen.

Die Position einiger Vertreter der Repressionsstrategie soll referiert und analysiert werden: Siegfried Jäger, Leiter des »Duisburger Instituts für Sprach- und Sozialforschung« (DISS), erklärt apodiktisch in einer Broschüre der Grünen »Argumente gegen REPs & Co.«: »Ich plädiere für das Verbot aller rechtsextremen Parteien einschließlich der Republikaner und für die völlige Auflösung ihrer Gliederungen und ihrer bereitstehenden Nachfolgeorganisationen.«[1]

In der linken Monatsschrift *Blätter für deutsche und internationale Politik* meldeten sich Kurt Faller, Mitglied des Bundesvorstandes der VVN-Bund der Antifaschisten, und Reinhard Hahn, Gewerkschaftssekretär in der Abteilung Jugend beim IG

Metall-Vorstand, zu Wort[2]. Sie wollen »dem Haß keine Chance« geben und schlagen »Elemente eines neuen Antifaschismus« vor. Sie gehen davon aus, daß die »neofaschistischen und rechtsextremistischen Gruppen [. . .] schlagkräftige Organisationsstrukturen entwickelt« hätten. Eine »moderne Antifaschismuskonzeption« solle »ihren Bezug zum antifaschistischen Widerstand« haben. Dazu gehöre die Durchsetzung des Artikels 139 Grundgesetz, »der das Verbot und die Auflösung neofaschistischer Gruppen« fordere. Ein weiteres Element der modernen Konzeption sehen sie im »Entwurf für ein multikulturelles Zusammenleben« mit den dazugehörigen »Maßnahmen zum Abbau von Rassismus und Ausländerfeindlichkeit«, flankiert von »Maßnahmen gegen Arbeitslosigkeit« usw. Es fehlen weder »Erinnerungsarbeit« noch die »Aufarbeitung der Geschichte von Faschismus, Widerstand und Nachkriegsentwicklung«. An diesem traditionellen Antifaschismus, der Faschismus, Neofaschismus und Rechtsextremismus vermengt, ist beim besten Willen nichts Modernes zu entdecken.

Margret Feit, Mitglied im Bonner Kreisvorstand der VVN-Bund der Antifaschisten und Autorin eines Buchs über die Neue Rechte, betreibt im selben Heft der *Blätter* Akademikerschelte: »Der akademische Antifaschismus, wirkungslos«[3]. Feit reduziert Rechtsextremismus auf »organisierte Neofaschisten« und »neofaschistische Ideologie« und bedauert, daß die »Frage nach der gesellschaftlichen Funktion« des Neofaschismus in den Hintergrund getreten sei. Sie schlägt als »zentrale Schiene antifaschistischer Politik« die »unmittelbare Bekämpfung neofaschistischer Organisationen« vor, d. h. einen direkten, tatkräftigen, also unakademischen Kampf: »Es wäre an der Zeit, [. . .] gegen die Vermietung von kommerziellen Werbeflächen für faschistische Propaganda anzugehen.« Sie plädiert für »Verbote und strafrechtliche Verfolgung« sowie Kampf gegen »das verdeckte Interesse an einem faschistischen Potential« und biegt schließlich eine

Äußerung von Marx so zurecht, daß sie als Beleg für die Richtigkeit der Verbotsthese herhalten kann. Das Zitat von Karl Marx lautet: »Bei der Durchsetzung solcher Gesetze stärkt die Arbeiterklasse keineswegs die Macht der Regierung. Im Gegenteil, sie verwandelt jene Macht, die jetzt gegen sie gebraucht wird, in ihren eigenen Diener.« Marx dachte, als er von »solchen Gesetzen« sprach, keineswegs an rechtsextreme Parteien, sondern an die Beschränkung der Kinder-, der Jugendarbeit und die Verkürzung des Arbeitstages auf acht Stunden.

Resolutionen zur Durchsetzung des Verbots wurden verabschiedet[4] und entsprechende Aktivitäten eingeleitet. Als Hauptargument wird vorgetragen, hier seien (Neo)Faschisten am Werk, und die müßten verboten werden. Einige Fragen drängen sich angesichts dieser plakativen These auf: Warum ausgerechnet ein Verbot? Ist der Ruf nach juristischen, polizeilichen, administrativen Mitteln, nach staatlichem Eingreifen nicht eine linke Bankrotterklärung? Es ist kein Zufall, daß gerade dieses autoritäre Vorgehen in der DDR üblich war. Die Zukunft der gesamten Linken hierzulande wird mit einer Hypothek belastet.

Verbote sind in der Regel kein geeignetes Mittel der Auseinandersetzung. Sie treiben die Rechtsextremisten nur in die Illegalität oder in Tarnorganisationen, die sich bereithalten und im günstigen Augenblick ans Tageslicht treten würden. Staatliche Repression verstärkt Tendenzen zu Ghettoisierung und halbverdeckter Organisationsbildung. Eine Sekten- und Burgmentalität mit Märtyrern und Verfolgungswahn würde geradezu gefördert. Die demokratischen Instanzen könnten Überblick und Kontrolle verlieren. Es muß bezweifelt werden, ob diese Stigmatisierung der richtige Weg ist, Jugendliche vor dem Abgleiten in die rechtsextreme Szene zu bewahren, ob sie diese nicht erst in rechtsextreme Verhaltensmuster hineinpreßt.

Auf die Frage nach einer begrifflichen Bestimmung von Neofaschismus antworten (nicht nur) Vertreter der Verbots-Position auf dreierlei Art: 1. mit dem historischen Hinweis auf die Nazizeit – der unbefriedigend bleibt, weil die Geschichte seither weitergegangen ist; 2. einem stets vagen Definitionsversuch, der auf Georgi Dimitroff oder die Diskussion zwischen Reinhard Opitz und Reinhard Kühnl in den siebziger Jahren[5] zurückgeht – die schließlich enttäuschend verlief und ergebnislos abbrach; 3. durch Aufspüren »neofaschistischer Ideologieelemente« bei rechtsextremen Parteien: Ausländerfeindlichkeit, Führerprinzip, Volksgemeinschaft, Antikommunismus, Nationalismus, Ungleichheitsideologie, – so beispielsweise Verena Krieger, Sprecherin des Bundesvorstands der Grünen, Claudia Roth, Pressesprecherin der Grünen im Bundestag und Europaabgeordnete der Grünen, in einer Broschüre »Neofaschismus – Rechtsradikalismus – Ausländerfeindlichkeit«[6]. In phänomenologischer Weise werden Bestimmungsmerkmale nebeneinandergestellt, ohne daß ihr Zusammenhang und ihre unterschiedliche Gewichtung erläutert würden. Diese wie Versatzstücke aneinandergereihten Ideologieelemente sind jedoch unschwer in anderen Parteien, in Boulevardblättern und anderswo zu finden, ohne daß diese als »neofaschistisch« zu etikettieren wären.

Ein solches katalogartiges Sammelsurium gilt als Beleg, aber es müßte deutlich gemacht werden, was das Faschistische an den »Republikanern« ist. Diesen Beweis bleiben – nicht allein – die Verfechter der Verbots-Position schuldig. Der Antifaschismus bleibt hilflos, wie der Westberliner Philosoph Wolfgang Fritz Haug schon vor langer Zeit anmerkte, und er wird zudem begrifflos.

Das Wort »Faschismus« fungiert als Schimpfwort, und diese Tatsache ist in Rechnung zu stellen. Daher müßte bei der Verwendung darauf Wert gelegt werden, daß klar wird, wovon die Rede ist, d. h. sie müßte eine Distanzierung von diesem Alltagssprachgebrauch in sich tragen. Genau dies unterlassen die Vertreter der Verbots-Strategie, und zwar vermutlich aus dem einfachen Grund: Ihnen ist diese emotionale Konnotation nicht unrecht; schließlich verschafft sie – wie die Verwendung des Adjektivs »braun« – einen »antifaschistischen Bonus«.

Es reicht nicht aus, die Ähnlichkeit von Aussagen aus rechtsextremen Postillen mit Äußerungen von Naziideologen aus den dreißiger Jahren herauszustreichen, um einen faschistischen Charakter der »Republikaner« nachzuweisen. Denn nicht jeder damals niedergeschriebene Satz ist von vornherein als faschistisch einzustufen, genausowenig wie ein Volksempfänger faschistisch ist. So argumentiert auch Eike Hennig: »Nicht alles, was Rechtsradikale ansprechen, muß schon deshalb falsch sein, weil es aus dieser Richtung vorgetragen wird.«[7] Ebensowenig genügt es, irgendwelche Aussagen drittrangiger »Republikaner«-Funktionäre als Beleg für die Existenz einer »faschistischen Ideologie« heranzuziehen und zu meinen, durch »Entlarvungsaktionen« sei ihnen beizukommen. Vielmehr müßten die massenwirksamen und mobilisierenden Parolen zum zentralen Gegenstand der Auseinandersetzung wie auch der Analyse gemacht werden. Der bloße Hinweis auf die Tatsache, daß andere Parteien (CDU, SPD . . .) Themen rechtsextremer Gruppierungen aufgreifen, kann nicht überzeugen, weil er zu der Empfehlung führt, aus Berührungsangst sämtliche Themen fallen zu lassen, die Rechtsextremisten aufgreifen. Ein solches Verhalten käme einer politischen Bankrotterklärung gleich.

Ein weiteres Argument der Verbots-Befürworter lautet: Die gesellschaftliche Funktion rechtsextremer Parteien sei der einzig richtige Ansatzpunkt, also die Frage, welche Interessen dahinterstehen, und die Frage, wem Rechtsextremisten nutzen, keinesfalls jedoch die individuelle Motivation der Wähler (so z. B. die Position von Margret Feit). Das Antwortmuster lautet: Die Rechtsextremisten dienten den Interessen der reaktionärsten Kreise des Monopolkapitals, sie seien eine Reservetruppe für den Ernstfall etc. Diese These, die die Autoren im Blick haben, ist allerdings hinlänglich bekannt, und diese »Erkenntnis« wird keinen einzigen Wähler zur Abkehr von den Rechtsextremisten bewegen.

Diese funktionalistische Herangehensweise stellt unzulässigerweise einen deterministischen Ursachenzusammenhang zwischen den Interessen dieser Fraktion des Großkapitals und Wahlerfolgen der Rechtesextremisten her – oder zumindest wird ein solcher Zusammenhang suggeriert –, nach dem Motto: Diese Kreise finanzieren die Partei (vergleiche die bekannte Fotomontage von John Heartfield), und daher rühre der Wahlerfolg. Diese ökonomistische und reduktionistische Behauptung ist unhaltbar: Zwischen zwei parallelen Entwicklungen gibt es nicht automatisch einen monokausalen Zusammenhang, und die Zurückführung auf ökonomische Ursachen besitzt in diesem Zusammenhang wenig Erklärungswert. Zudem liegt die politische Gefahr des Rechtsextremismus heute nicht in seiner vermeintlichen Funktion als »Ersatzreserve« des Kapitals bzw. bürgerlicher Kräfte.

Wer den Faschismus als durchgesetztes strategisches Endziel des Monopol- oder Finanzkapitals deutet, erliegt im übrigen einer utilitaristischen Verkürzung: Er stellt sich die soziale Welt als Resultat bewußter Strategien, bestimmter Interessen und klaren Kalküls vor, die es zu entlarven gelte. In der Realität kommt jedoch häufig ein Ergebnis zustande, das keiner der Beteiligten gewollt hat. Entlarvungsaktionen, die über die Interessenlage und den Nutzen eines Protagonisten aufklären, also der vulgärmarxistischen Cui-bono-Frage nachgehen, konterkarieren keinesfalls automatisch dessen Strategie. Die gute Absicht ist keine hinreichende Garantie für die Effektivität einer Gegenstrategie. Entlarvungs-Gegenstrategien fruchten in den seltensten Fällen. Darauf ist zwar wiederholt hingewiesen worden, doch seit der Faschismus-Definition von Georgi Dimitroff aus dem Jahr 1935, also seit über 50 Jahren, wird diese funktionalistische Sichtweise gebetsmühlenartig vorgetragen, so als wäre seither nichts Neues geschehen, so als hätten der Rechtsextremismus und die Neue Rechte nichts dazugelernt. Der Westberliner Philosoph Wolfgang Fritz Haug formuliert angesichts dieser Blockierung den »kategorischen Imperativ: Begnüge dich nie mit der Entlarvung der Machtstrategien des Gegners, sondern stelle ihn vom Standpunkt seiner Widersprüche aus dar: Was muß er zukleistern? Wo muß er die Unterworfenen für ihre Unterwerfung gewinnen?«[8] Einfacher ausgedrückt: Wie organisiert der Gegner Zustimmung zu seiner Herrschaft, wie den gesellschaftlichen Konsens darum?

Nicht wenige kritische Linke plädieren für einen vorsichtigen Umgang mit Verboten: Jaschke moniert, die Verbotsforderung seitens des linken Antifaschismus sei »kalendarisches Ritual und symbolisches Transportmittel der ›richtigen‹ Gesinnung und anachronistisches Nachholen des gescheiterten Antifaschismus der alten Arbeiterbewegung vor 1933«[9]. Wilhelm Heitmeyer zufolge setzen Verbotsstrategen nur an Symptomen an: »In der Verbotsforderung kommt der hilflose Antifaschismus zum Vorschein, der politische Überzeugungsarbeit durch die staatliche Repression ersetzt und damit ein Instrumentarium bevorzugt, das gegen die selbstgesetzten Ziele (z. B. Demokratisierung) steht. [...] An zahlreichen Auseinandersetzungen läßt sich erkennen, daß mangels Konzept zur schlichten Gewalt gegriffen wird.«[10]

Für Richard Stöss scheinen – und in diesem Punkt setzt er Rechtsextremismus und Neofaschismus gleich – »Verbote von rechtsextremen Vereinen und Verbänden in besonderen Fällen durchaus angemessene Mittel im Kampf vor allem gegen den Neofaschismus zu sein«. Dies gelte auch »für die Ausschöpfung von juristischen, administrativen und polizeilichen Maßnahmen, die jedoch besonders strengen rechtsstaatlichen Kriterien genügen müssen«, für »Strafen und Sanktionen«, die den Rechtsextremisten gegebenenfalls das Leben »erschweren« und »im Erfolgsfalle ihre Bewegungsfreiheit und ihre Entfaltungsmöglichkeiten erheblich einschränken«. Parteiverbote hingegen seien »unter demokratietheoretischen Gesichtspunkten außerordentlich fragwürdig und dürfen allenfalls als allerletzter Ausweg ausgesprochen werden. Sie stellen nämlich in einer parteienstaatlichen Demokratie einen schwerwiegenden Eingriff in die – durch das Prinzip der Volkssouveränität geprägte – politische Willensbildung dar«[11]. Ganz schlüssig ist die Argumentation nicht: Stöss spricht sich für Verbote als ultima ratio aus, allerdings nicht ohne Bedenken. Er hält es aber für legitim, dem Rechtsextremismus das Leben durch spezielle administrative Hürden, Strafe und Sanktionen schwer zu machen. Eine Begründung dafür fehlt.

Einige zum Äußersten entschlossene Verfechter der Repressionsstrategie plädieren für anti-rechtsextreme Gegengewalt. Richard Stöss wendet gegen diese »antifaschistische Gewalt« ein: »Seit Beginn der achtziger Jahre wächst die Gewaltbereitschaft in den antifaschistischen Gruppen und Initiativen. Als Reaktion auf die zunehmende und weiterhin von jugendlichen Randgruppen ausgeübte Gewalt von rechts gewinnt ein militanter Antifaschismus an Einfluß, der es darauf anlegt, den politischen Feind in Straßenschlachten zu besiegen oder durch gezielte Anschläge auf neonazistische Personen und Objekte einzuschüchtern und zu demoralisieren. Es werden Autos angezündet und in die Luft gesprengt, Brandanschläge auf Wohnungen und Versammlungsräume verübt, ja sogar ganze Häuser ›abgefackelt‹. Militante ›Antifas‹ legen Dossiers mit Fotos und Autokennzeichen über führende Neonazis an, die auf ihren ›Hitlisten‹ stehen.« Unmißverständlich stellt er dazu fest: »Die Methoden der Neofaschisten dürfen nicht die Methoden des Antifaschismus sein! [...] Gewalt erzeugt zumeist Gegengewalt, festigt die Reihen der Gegner und steigert deren Fanatismus.«[12] Dem Autor ist zuzustimmen: Gewalt kann kein probates Mittel der Auseinandersetzung sein, und sie darf insofern auch nicht billigend als »Gegengewalt« in Kauf genommen werden. In diesem Zusammenhang suchen einige Linke vorzugsweise nach einer polizeilich-juristischen Lösung, die auf Bestrafen und Einsperren statt Prävention und Resozialisierung setzt, obwohl dies in der Regel mehr schadet als nützt.

Die Forderung nach einem Verbot rechtsextremer Parteien geht nicht selten mit Verschwörungstheoremen einher, die rassistische Gewalttaten auf parteiförmige Organisiertheit zurückführen und ihre konspirativen Drahtzieher in rechtsextremen Parteien suchen[13]. Einen direkten Zusammenhang zwischen der Wahl einer rechtsextremen Partei und der »Jagd auf Ausländer« sieht Birgit Rommelspacher, Professorin an der Berliner Fachhochschule für Sozialarbeit und Sozialpädagogik[14].

Die Zeitschrift *konkret* hat sich der rechtsextremen Gewalt in gewohnt deutscher Gründlichkeit angenommen und eine seitenlange »Chronik der Gewalttaten gegen Ausländer im ersten Jahr des wiedervereinigten Deutschland« zusammengestellt, deren weitere Folgen nachgeliefert wurden, alles unter dem Vorbehalt, die Liste sei »unvollständig«[15]. In ähnlich eklektischer Machart liefert die rechtsextreme Zeitschrift *Nation Europa* ihren Leserinnen und Lesern regelmäßig »Nachrichten von der Überfremdungsfront« sowie eine Rubrik »Gewalt gegen Deutsche« (z. B. im Dezember 1991) – sie hat nun ihr Gegenstück gefunden. Im Gegensatz zu *konkret* gibt *Nation Europa* die Quellen an. Auf der einen Seite werden Ausländer verklärt und glorifiziert, auf der anderen Seite werden genüßlich Schreckensvisionen ausgemalt. Die Zeitschrift *konkret* suggeriert mit diesen Listen, die Ursachen der zunehmenden Gewalttätigkeiten seit Hoyerswerda seien in einem wieder manifest gewordenen Rassismus der Deutschen zu suchen, im Fortbestand von NS-Mentalitäten, nicht jedoch in einer aktuellen sozialen Malaise. Das Problem sei politischer und nicht sozialer Natur.

Die Angriffe auf Ausländerheime sind allerdings bislang nicht organisiert. Glücklicherweise existiert in Deutschland – im Gegensatz zu Frankreich und anderen Ländern – noch keine rechtsextreme Partei, die solche Stimmungen zu nutzen versteht. Diese Gefahr bleibt latent bestehen und ist solange nicht gebannt, wie die grundlegenden gesellschaftlichen Probleme existieren, die den Bodensatz bilden, auf dem Fremdenhaß wuchern kann.

»Streitbare Demokratie«: Verfassungsschutz als Therapie

Von einer ganz anderen Warte aus als die linken Vertreter der Verbots-Strategie nähern sich die Politikwissenschaftler Uwe Backes und Eckhard Jesse dem Thema: Sie plädieren in ihrem Werk *Politischer Extremismus in der Bundesrepublik*[16] für »streitbare Demokratie« als Therapie gegen den Extremismus von rechts und links. Der Verfassungsschutz soll verhindern, daß eine Republik wehrlos ihren Gegnern ausgesetzt ist und beispielsweise Nazis oder Neonazis auf legale Weise an die Macht kommen und auf diesem Weg die Demokratie abschaffen können. Weimar war demzufolge nicht »streitbar«, denn es konnte sich der tödlichen Bedrohung nicht erwehren. Die Möglichkeit, Parteien und Vereine zu verbieten, und auch die Praxis der Berufsverbote fügten sich in diese Logik ein.

Die Autoren kennen das Dilemma: Läßt eine Republik die demokratischen Grundsätze für ihre Gegner gelten, die sich die Beseitigung der Demokratie zum Ziel gesetzt haben, dann riskiert sie, daß ihre Fundamente unterspült werden. Wehrt sie sich entschieden, dann muß sie in Kauf nehmen, den eigenen Grundsätzen zuwiderzuhandeln.

Im Zusammenhang mit der »streitbaren Demokratie« enthält das Grundgesetz das Verbot verfassungswidriger Vereinigung (Artikel 9, Absatz 2) und das Parteienverbot (Artikel 21, Absatz

2). Das Parteienverbot wurde in der Bundesrepublik bislang zweimal angewandt: Im Jahr 1952 erklärte das Bundesverfassungsgericht die Sozialistische Reichspartei (als »Nachfolgeorganisation der NSDAP«) und 1956 die KPD für verfassungswidrig. Ausgiebiger Gebrauch wurde von der Möglichkeit des Vereinsverbots gemacht: Zu den mehreren hundert verbotenen Vereinen gehörten u. a. die Wehrsportgruppe Hoffmann (1980), mehrere rechtsextreme exilkroatische Gruppierungen, die »Aktionsfront Nationaler Sozialisten/Nationale Aktivisten« von Michael Kühnen (1983)[17].

»Wohlverhalten der Justiz« und »behördliche Toleranz gegenüber rechtsextremistischen Bestrebungen« sind die Stichworte linker Kritiker an einer einseitigen Vorgehensweise staatlicher Institutionen[18]. Der Frankfurter Rechtsextremismusforscher Hans-Gerd Jaschke ist in einem instruktiven Beitrag der Frage nachgegangen, ob Justitia »auf dem rechten Auge blind« sei[19]. Diese Legende stammt aus der Weimarer Republik. Sobald irgendwo rechtsextremer Protest laut wird, ertönt schnell der Ruf nach dem Staat. Jaschke warnt davor, »leichtfertig auf die repressive Kraft staatlicher Institutionen« zu setzen, sobald es gelte, die Auseinandersetzungen mit rechtsextremistischen Tendenzen zu führen. Er tadelt in diesem Zusammenhang die Grünen, die sich als einzige der Bundestagsparteien sogar ausdrücklich als »antifaschistisch« bezeichnen. Eine radikale Moral sei zwar historisch legitimiert, aber aus ihr folgten eher politische Ausgrenzung und Stigmatisierung als Gesprächsbereitschaft und Auseinandersetzung: »Die antifaschistische Moral nach Auschwitz schert sich wenig um die Mittel, wenn es darum geht, politische Bewegungen, die in der Tradition des Faschismus stehen, zu bekämpfen. Fragen nach dem Verhältnis von Legalität und Legitimität, von Freiheit und Sicherheit, bleiben bei solchen Denkmustern ebenso auf der Strecke wie der demokratische Gemeinplatz, daß die bürgerlichen Freiheitsrechte für alle gelten und somit auch für unliebsame Kräfte von rechts.« Diese Kritik trifft nicht allein die Grünen, sondern sie gilt für die gesamte Linke.

Das Vorurteil des linken Antifaschismus, der bürgerliche Staat betreibe Klassenjustiz und Repression der Linken, sei ein schlechter Ersatz für eine elaborierte Konzeption von Rechtsstaatlichkeit und Rechtssicherheit: Das »unreflektierte Verhältnis« etwa der Grünen zur Rechts- und Innenpolitik zeige sich an ihren »realitätsfernen Maximalforderungen nach Auflösung aller kasernierten Polizeieinheiten und nach Abschaffung der Verfassungsschutzämter«. Die Legitimationsbasis der Republik, der Gedanke »streitbarer Demokratie«, die sich gegen alle ihre Feinde – kommen sie nun von rechts oder links – zu wehren habe, werde von den Grünen und der SPD vernachlässigt. Der linke Antifaschismus erkläre, rechts und links könne nicht in einen Topf geworfen werden und ziehe sich auf die politische Moral nach Auschwitz zurück.

Die CDU ihrerseits habe den Gedanken »streitbarer Demokratie« umgedeutet »in ein Modell zum Schutz des Staates« und ihre antikommunistische Grundposition auf den Staatsfeind von links projiziert, um die gesamte Linke unter Druck zu setzen. Jaschke hält ein Gesetz gegen die »Auschwitz-Lüge« für wenig sinnvoll, weil es »Maßnahmenkataloge politischer Hygiene« enthalte, die von der Aberkennung der Doktorwürde bis hin zum Hausverbot für rechtsextreme Abgeordnete in öffentlichen Schulen reichen: »Daß Gesinnungen nicht unter Strafe gestellt werden dürfen, daß auch Meinungen, die der historischen Wahrheit zuwiderlaufen, als individuelle Äußerungen legitim sind, daß die Allgemeinheit des Gesetzes verbietet, bestimmte Meinungen zu kriminalisieren, daß der Staatsanwalt nicht Sanitäter sein kann, um die Gesellschaft vor der Ansteckung durch Ideologien zu bewahren – all diese hehren Grundsätze des liberalen Rechtsstaates gelten oft wenig, wenn es gegen rechts geht. Politische Justiz gegen rechts ist dadurch ihrer fallbezogenen situativen Gebundenheit beraubt und wird in den historischen Zusammenhang symbolischer Aufarbeitung der Vergangenheit gestellt.«[20] Damit hat Jaschke den Mythos, Staat und Justiz seien auf dem rechten Auge blind, demontiert. Aus seiner Analyse läßt sich folgern, daß der Bezug auf den Staat, der im Keim das Staatsschutzdenken enthält, durch den Verweis auf demokratische Grundrechte ersetzt werden muß.

In diesem Zusammenhang ist die Indizierungspraxis der Bundesprüfstelle für jugendgefährdende Schriften, die nahezu ausschließlich Publikationen rechtsextremistischen Inhalts auf den Index setze, kritisch zu prüfen, ebenso wie die administrative Bekämpfung von Rechtsextremisten: Ist es beispielsweise zu rechtfertigen, daß im Europaparlament die Fraktion der Rechtsextremisten auf administrativem Wege bekämpft wird? Auch Klaus Hartung verspürt ein Unbehagen beim »Kleinkrieg mit der Geschäftsordnung« gegen rechtsextreme Abgeordnete[21].

Keine Freiheit für die Feinde der Freiheit, hatte schon Rosa Luxemburg proklamiert, und diese Aussage ist mißbraucht worden, um Freiheitsrechte abzuschaffen. Grenzenlose Toleranz kann tödliche Folgen zeitigen, aber Intoleranz birgt ebenfalls Probleme: Es muß auf jeden Fall klar eingegrenzt sein, unter welchen Bedingungen das Damoklesschwert niedergeht. Klaus Hartung geht mit seiner Feststellung »Keine Demokratie für die Feinde der Demokratie, diese Vorstellung war schon immer falsch«[22] einen Schritt zu weit, denn damit erliegt er der Illusion, eine Republik könne gar nicht in eine Situation geraten, in der sie als ultima ratio gegen unerbittliche Gegner einschreiten muß, will sie sich nicht aufgeben.

Anders scheint dies Claus Leggewie zu sehen, der von »dem tief verwurzelten Glauben der Westdeutschen an das Märchen von der stets gefahrenumlagerten Demokratie« spricht, die aus der NS-Ära die Lehre, sich »streitbar« und »wehrhaft« zu gebärden, habe ziehen müssen. Selbst Kritiker der Verfassungsschutzpraxis teilten den Glauben an diese »Gründungslegende der Bundesrepublik«. Keine andere westliche Demokratie kenne einen Verfassungsartikel mit Parteienverbot. Die Stoßrichtung von Leggewies Argumentation zielt auf »innenpolitische Abrüstung« und Meinungsstreit, gegen eine »innerstaatliche Feinderklärung«, gegen »Staatsschutzdenken« und gegen das Damoklesschwert Repression[23]. Eine extremismustheoretische Einbettung – Eckhard Jesse erhebt sie mittlerweise zum wissenschaftlichen Gebot[24] – erscheint aus dieser Perspektive als verfehlt. Mit Recht läßt sich darüber streiten, ob einem Parteienverbot der Rang eines Verfassungsartikels gebührt. Allerdings bleibt die Frage offen, ob Rechtsextremismus als ein Extremismus zu bekämpfen ist, mithin ein Problem am Rande und von Randgruppen der Gesellschaft ist, oder ob er mit Grundstrukturen der Gesellschaft zu tun hat, also aus dem gesellschaftlichen Zentrum kommt. Diese Annahme hätte eine andere Bekämpfungsweise zur Folge.

Fazit: Der Kreis der Befürworter von Repressionsstrategien ist äußerst heterogen und reicht von linken Vertretern der Antifa-Strategie, die rechtsextreme Parteien verbieten wollen, über liberale Verfechter des Konzepts »streitbare Demokratie« bis hin zu Befürwortern administrativer Barrieren gegen Rechtsextremismus sowie militanten Gruppen, die Gewalt gegen rechts propagieren. Gewalt sollte jedoch kein Mittel der politischen Auseinandersetzung sein. Inwieweit klar umgrenzte Verbotsmöglichkeiten von Parteien sinnvoll sind, ist umstritten, und zu Recht ist darauf hingewiesen worden, daß ältere Demokratien keinen Verfassungsartikel benötigen, um sich einer rechtsextremen Gefahr zu erwehren. Doch diese Demokratien verfügen sehr wohl über Instrumente gegen rechtsextreme Bestrebungen. Wenn auch der politischen Auseinandersetzung der Vorrang gebührt, scheint ein repressives Instrumentarium als ultima ratio doch unverzichtbar.

Die Psycho- und Ausgrenzungs-Strategie

Eine gemeinsame Grundannahme sozialpsychologischer Erklärungen von Rechtsextremismus ist, daß es Persönlichkeitsstrukturen gebe, die für Faschismus bzw. Rechtsextremismus »anfällig« machen. Sie gehen davon aus, psychologische Grundstrukturen und psychische Dispositionen, meist autoritäre Charakterstrukturen, deren Grundlagen während der Kindheit von Familie und Erziehungssystem gelegt wurden, müßten aufgedeckt werden. Als Ursachen für diese »Anfälligkeit« werden häufig masochistische Veranlagungen, aggressiv-sadistische oder sadomasochistische Tendenzen ausgemacht, wobei eine angebliche anal-sadistische Disposition der Deutschen mit der verspäteten Nationbildung in Zusammenhang gebracht, meist parallelisiert wird. Als Therapien werden psychotherapeutische oder -analytische Praktiken vorgeschlagen oder aber schlichtweg eine gesellschaftliche Ausgrenzung und Ächtung von als unkurierbar gedachten Rechtsextremisten.

Die Vertreter dieser Bekämpfungsmaßnahmen bezeichne ich fortan als Psycho- und Ausgrenzungsstrategen. Ausgangspunkte persönlichkeitsorientierter Erklärungsmuster bilden Arbeiten von Erich Fromm, Wilhelm Reich und Theodor W. Adorno, die, um Weitläufigkeit zu vermeiden, hier nur vergröbert skizziert werden können[1]:

Erich Fromm beschreibt in seinen *Studien über Autorität und Familie* (1936) die masochistische Einstellung zu Autorität: Der autoritäre Charakter liebe »das Unterworfensein unter ein blindes und allmächtiges Fatum« und unterwerfe sich freudig seinem Schicksal. Er brauche Ersatz für die Unmöglichkeit, seine Wünsche nach Größe und Macht in der Realität zu befriedigen. In seiner Schrift *Anatomie der menschlichen Destruktivität* legt Fromm seine Aggressionstheorie vor. Er widmet Adolf Hitler ein eigenes Kapitel und behandelt ihn als einen »klinischen Fall von Nekrophilie«, d. h. bösartiger Aggression, und als »nekrophilen Charakter«. Die Erklärungsmuster hat er in einer sozialpsychologischen Untersuchung *Arbeiter und Angestellte am Vorabend des Dritten Reiches* zur Anwendung gebracht.

Wilhelm Reich hat in seinem Buch *Die Massenpsychologie des Faschismus* versucht, solchen Schichten der menschlichen Charakterstruktur auf den Grund zu gehen, die für Faschismus anfällig machen. In seinem Vorwort aus dem Jahr 1942 resümierte er: »Die faschistische Mentalität ist die Mentalität des kleinen, unterjochten, autoritätssüchtigen und gleichzeitig rebellischen ›kleinen Mannes‹. [. . .] Der Großindustrielle und der feudale Militarist nützt diese Tatsache für seine Zwecke aus.«[2] Die autoritäre Strukturierung der Menschen führt er auf antisexuelle »Hemmung und Angst« zurück, die bewirke, daß er »gegen sein materielles Interesse« handelt. Von der sozialen Basis her sei der »Nationalsozialismus« eine »kleinbürgerliche Bewegung« gewesen.

Die Arbeiten von Fromm, Reich, Adorno und anderen bilden den Ausgangspunkt zahlreicher sozialpsychologisch angehauchter Aktualisierungen, die autoritäre Charakterstrukturen hier und heute aufspüren, und zahlloser Vulgarisierungen. Die genannten Autoren hüten sich im allgemeinen, aus ihrer Analyse geradlinige Therapien abzuleiten. Doch speziell den »Therapien«, die in ihre Theorien hineininterpretiert werden, verdanken sie ihre Beliebtheit bei Gegnern des Rechtsextremismus. Häufig wird die Frage verfolgt, warum Menschen gegen ihre eigenen Interessen handeln[3], weil sie es erlaubt, Aufklärung über die »wahren« Interessen anzubringen. Die Begriffe »autoritärer Staat«, »Staatskapitalismus« und »autoritärer Persönlichkeitstypus« sind Aufmerksamkeitsrichtungen, mit denen die Kritische Theorie den Ursachen des Faschismus analytisch auf die Spur kommen und einen Ausdruck verleihen wollte. Vielfach wird Bezug auf Studien über den autoritären Charakter genommen, um den heutigen Verbreitungsgrad dieser Dispositionen aufzuspüren[4].

Die Vertreter der Psycho- und Ausgrenzungsposition argumentieren so, als hätten die Deutschen – oder zumindest ein erheblicher Teil von ihnen – das Böse in ihren Genen, und eine Neigung zum Faschismus sei ihre essentielle, zeitenüberdauernde Eigenschaft: »Der ewige Deutsche: ein gemütlicher Mörder«, lautet ein Titel der Zeitschrift *konkret* (11/1991). Wenn Ralph Giordano von »häßlichen Deutschen« und »häßlichen Fratzen« spricht, scheint er ebenfalls von einer grundlegenden Schlechtigkeit dieser Deutschen auszugehen. Er schiebt die Neigung zum Faschismus in die ach so schlechte menschliche Natur der Deutschen.

Hinter solchen Diagnosen steht die Frage: »Sind die Deutschen faschistoid?« Der Schriftsteller Arno Plack hat dazu ausgeführt: »Haben sie, die Deutschen, eine besondere Neigung zu autoritärer Führung, zum blinden Gehorsam und zur Selbstaufopferung und damit zum Militarismus, zum Rassenhaß, zur Verfolgung von Minderheiten, zum Spitzelsystem, zur Anpassung an unversöhnliche Ideen? Haben sie [. . .] grundlegend eine besondere Neigung zur Gewalt? Es gibt namentlich in den USA eine Menge Bücher und Abhandlungen mit wissenschaftlichem Anspruch, in denen es darum geht, die Behauptung ›zu stützen, daß dem deutschen Nationalcharakter angeborene böse und gefährliche, blutrünstige und zivilisationsfeindliche Züge eigen seien‹.« Diese Betrachtungsweise gehe »von der Voraussetzung eines einigermaßen über alle Zeiten gleichbleibenden Volkscharakters aus«, von dauerhaften »triebhaften Neigungen«[5], die einer wissenschaftlichen Überprüfung jedoch nicht standzuhalten vermögen.

Der Bremer Professor für analytische Sozialpsychologie Gerhard Vinnai veröffentlichte im Spätherbst 1991 »Thesen zur Sozialpsychologie der Fremdenfeindlichkeit«[6]. Darin behauptet er, »im Bild des bedrohlichen Fremden« kehre »die verdrängte eigene Aggressivität« wieder. Die Ablehnung von Fremden erklärt er sich so: »Wo man viel arbeitet, erscheinen Ausländer leicht als faul, wo man den Mund halten muß, gelten sie als laut, wo das sexuelle Begehren nicht gelebt werden kann, erfährt man ihre Triebhaftigkeit als bedrohlich.« Analog argumentiert der Berliner Soziologe Thomas Krauß, der von »Sexualneid« spricht[7], oder Birgit Rommelspacher: »Das Fremde konfrontiert uns auch immer mit nicht gelebten Lebensmöglichkeiten und mit verdrängten Seiten unseres Selbst. Es zeigt uns immer auch die Alternative: So könnte man/frau auch leben.«[8]

Die eigenen xenophilen Scheuklappen lassen bei beiden nur das Schöne, Multikulturelle, Exotische durch und blenden die Probleme aus: Weil die Fremden so begehrenswerte Alternativen vorleben, ziehen sie Neid- und Haßgefühle der Einheimischen auf sich – so die argumentative Logik. Der Realitätsverlust dieser schlichten Deutung ist kaum zu übertreffen.

Ein allgemeines Gefühl des Zu-kurz-Kommens macht Vinnai als Ursache von Fremdenhaß aus und schlägt die Brücke zum Nationalismus: »Mit der Fremdenfeindlichkeit ist üblicherweise ein Nationalismus verbunden, von dem schon Wilhelm Reich in den dreißiger Jahren aufgezeigt hat, daß er mit ungelösten infantilen Familienbindungen verknüpft ist.« Eine gewisse Infantilität wird den Probanden bescheinigt. Aus dem gestörten Verhältnis zum anderen Geschlecht wird eine mysteriöse Tendenz zum Totalitarismus hergeleitet, warum übrigens nicht gleich zum Faschismus? Damit wäre der Zirkelschluß perfekt. Ausführlich sei der Argumentationsgang referiert, weil er eine gewisse Repräsentativität beanspruchen darf:

»Die Neigung zur totalitären Gleichmacherei, die sich gegen

alles Fremde wendet, resultiert auch aus einem fragwürdigen Umgang mit der Geschlechterdifferenz. Wie mit der Fremdheit von Menschen anderer Kulturen umgegangen wird, ist entscheidend vom Verhältnis zur Andersartigkeit des anderen Geschlechts abhängig. [...] Frauenfeindlichkeit bei Männern untergräbt deren allgemeine Toleranz gegenüber dem Andersartigen, an die jede Humanität gebunden ist. Untersuchungen über ›autoritätsgebundene Charaktere‹, die zum Totalitären tendieren, zeigen eine Verbindung von unterschwellig angstbesetzter Frauenfeindlichkeit und ›ethnozentristischen‹ Einstellungen. Die Abwehr und Diskriminierung des Weiblichen beim Mann [...] geht nach den Forschungen von Adorno und anderen mit der Ablehnung des Fremden, Andersartigen, Unbekannten einher. [...] Militante Ausländerfeinde finden sich zur Zeit vorwiegend unter männlichen Jugendlichen, die als Pubertierende besondere Schwierigkeiten mit dem anderen Geschlecht haben und zugleich zu einer Überbetonung einer fragwürdigen Männlichkeit tendieren. [...] Wer sich bedrohlichen äußeren und inneren Realitäten nicht stellen will oder kann, ist mehr denn je auf den Ausländer als Sündenbock angewiesen.«

Hier kann nicht auf jeden fragwürdigen Gedanken, den dieser Beitrag enthält, eingegangen werden, z. B. die Frage, ob die Analogie zwischen dem Verhältnis zu Frauen und zu Fremden zulässig ist, oder der Verweis auf die Pubertätsphase oder die pauschalen, summarischen Behauptungen über männliche Jugendliche.

Die Sündenbock-Deutung ist ein gängiger »aufklärerischer« und linker Mythos. Er besagt, daß Ausländer als »Sündenböcke« gebraucht werden, um ihnen die Schuld an verschiedenen gesellschaftlichen Krisen zuzuschieben. Dieser Hinweis auf einen angeblichen »Sündenbock«, der gesucht werde, um von etwas Wichtigerem – von der Schuld des kapitalistischen bzw. imperialistischen Systems – »abzulenken« (oder Bedrohungen auszuweichen), ist eine Scheinerklärung, die vornehmlich dazu dient, sich selber »Durchblick« zu bescheinigen. Sie verschafft die Illusion einer unmittelbaren Transparenz der gesellschaftlichen Welt. Die Quintessenz des Verweises lautet: Während die anderen einen falschen Schuldigen vorführen, kennen wir selbst die einzig wahre Ursache des Übels ... Der Verweis ist in liberalen und linken Kreisen gang und gäbe, als Beispiel sei ein Beitrag in der Wochenzeitschrift *Die Zeit* angeführt: »Wird schon wieder – nach dem berühmten Sündenbock-Mechanismus – nach einem ›Schuldigen‹ gesucht [...] ? Soll auf diese Weise die Öffentlichkeit von den tatsächlichen Problemen abgelenkt werden?«[9] Welche diese tatsächlichen Probleme sind, wird nicht ausgeführt. Ein weiteres Beispiel bietet die Monatsschrift *konkret*: »Ein Sündenbock ist einer, den ich zu meiner Entlastung verantwortlich mache, obwohl er nicht schuld ist. Also müßte man doch die Bevölkerung darüber aufklären, daß an der Wirtschaftskrise nicht die Ausländer schuld sind.«[10] Wenn der Hinweis auf die Sündenbockfunktion auftaucht, ist zu prüfen, ob er wirklich zur Erklärung beiträgt und nicht lediglich dazu dient, eine bestimmte Art von Aufklärung anzubringen.

Doch zurück zu Vinnais sozialpsychologischer Verballhornung, die Rechtsextremismus zum Ausdruck unbewältigter psychischer Probleme macht. Eine Entgegnung verfaßte der Historiker Rainer Zitelmann[11]: »Gerhard Vinnais Thesen [...] sind ein trauriges Beispiel für die Dialogunfähigkeit vieler Linker [...] Statt in einen Dialog einzutreten, seziert Vinnai die ›ausländerfeindlichen‹ Einstellungen in der Bevölkerung. Seine Argumentation zeichnet sich durch eine Mischung aus verständnisvollem Mitleid für die Unterprivilegierten und arroganter Herablassung des ›Aufgeklärten‹ aus. [...] Der Autor wartet gleich mit den gesammelten Weisheiten von Psychoanalyse und Kritischer Theorie auf: In seinem Beitrag durfte natürlich weder der Hinweis auf Sigmund Freud fehlen noch auf Wilhelm Reich und

Theodor Adorno. Angesichts dieser geballten psychoanalytischen und kritischen Theorieklassiker hat der ›Fremdenfeind‹ nicht mehr die geringste Chance, seiner endgültigen Entlarvung zu entgehen.«

Die Rechtsextremisten werden von Vertretern der Psycho- und Ausgrenzungsstrategie zu Objekten gemacht, die eventuell (als Milieugeschädigte) Verständnis verdienen oder (als Opfer der Verhältnisse) Mitleid. Diesem Ansatz stellt Zitelmann als »These« gegenüber: »Wer den Gesprächspartner gleich auf die Couch legt, statt sich mit ihm an einen Tisch zu setzen, erweist sich als unfähig zum Dialog. Natürlich ist Fremdenfeindlichkeit auch ein Phänomen, das mit Hilfe psychologischer Kategorien erklärt werden kann.« Doch müsse »bezweifelt werden, ob es ein erfolgversprechendes Rezept ist, dem Durchschnittsbürger erst einmal zu zeigen, wie neurotisch, verklemmt und ›wahnhaft‹ er beziehungsweise sein Weltbild ist, in der Hoffnung, dieser hätte nun das unstillbare Verlangen, von seinen psychischen Defekten kuriert zu werden. [. . .] Voraussetzung für den Dialog wäre, daß man die Sorgen, Ängste und Argumente des Andersdenkenden und Andersfühlenden wirklich ernst nimmt. Wer die Sorgen und Befürchtungen seiner Mitmenschen von vornherein als Einbildungen und Folgeerscheinungen neurotischer Projektionsprozesse abtut, wird keinen Dialog zustande bringen. Der Autor verwendet indes keine Sekunde auf den Gedanken, daß manche Sorgen und Ängste der sogenannten ›Fremdenfeinde‹ vielleicht auch eine reale Grundlage haben könnten.«

Zitelmann plädiert also dafür, den psychoanalytischen oder -therapeutischen Zugang fallenzulassen zugunsten eines kritischen Dialogs. Die Anwesenheit von Ausländern kann als Auslöser diffuser Ängste wirken, und dies wäre ernst zu nehmen, nicht in dem Sinne, daß die Fremden gehen sollen, sondern daß den Ursachen der Ängste auf den Grund gegangen wird.

Hauptamtliche Antirassisten kümmern sich um die diskriminierten Ausländer und die Opfer rechtsextremer Anschläge. Sie machen diese zum Objekt und damit zum Gegenstand des Mitleids[12]. Die linken Mythen haben fatale Konsequenzen für jene Jugendlichen, die nicht zu den »fortschrittlichen« gerechnet werden. Klaus Farin und Eberhard Seidel-Pielen, Autoren des Rotbuches *Krieg in den Städten – Jugendgangs in Deutschland* berichten: »Kein Jugendzentrum, das ihnen offenstünde. Deren Mitarbeiter/innen scheuen die ›Faschos‹ wie der Teufel das Weihwasser. ›Mit Neonazis arbeiten? Ich glaube, da käme ich ganz schön in Schwierigkeiten mit meinen Überzeugungen.‹« Da erscheint es einfacher, auszugrenzen.

Doch andere Deutungen sind im Aufwind, wie die beiden Journalisten konstatieren: »Langsam setzt sich die Erkenntnis durch, daß nicht jede Hakenkreuzschmiererei der Ausdruck in sich gefestigter faschistischer Überzeugungen sein muß, sondern auch als ein verklausulierter Hilferuf gesehen werden kann. ›Wir haben in der Vergangenheit zu einseitig das Bild des edlen und hilflosen Ausländers beschworen, der per se Opfer ist und nicht nur vor diskriminierenden Gesetzen geschützt werden muß, sondern vor jedem denkbaren Angriff.‹ Ein seit den frühen Siebzigern in Berlin-Wedding arbeitender Sozialarbeiter kommt angesichts der jüngeren Entwicklung ins Grübeln. ›Wir haben die deutschen Jugendlichen häufig mit einer Art ›positivem‹ Rassismus überfordert. Einseitig haben wir von ihnen Verständnis für die kulturellen Eigenarten und Besonderheiten ihrer türkischen Nachbarn eingefordert, ohne die selben Forderungen auch an die andere Adresse zu richten.‹«[13] NS-Symbole sind nicht in jedem Fall Indiz faschistischer Gesinnung, sondern können – wie auch »Brandstiftung und Mord«[14] – durchaus Formen entfremdeten Protestes sein, gegen den moralinsaure Appelle und Versuche, Multikulturalität in die Köpfe zu hämmern, nicht ankommen.

Der *konkret*-Herausgeber Hermann L. Gremliza zieht aus dem Theorem, das von einer grundlegenden Schlechtigkeit vieler Deutscher ausgeht, die Folgerung: »Der Erfolg der ›Republikaner‹ lehrt, daß Nationalisten und Rassisten [...] nur eines verstehen: den Stock – gesellschaftliche Ächtung, Drohung mit Entzug des Arbeitsplatzes und, wo sie laut werden, eins auf die Gosch.«[15] Gesellschaftliche Ächtung, Berufsverbot und Prügel, also Gewalt, werden so als geeignete Mittel der Auseinandersetzung mit Rechtsextremisten propagiert oder zumindest in Kauf genommen. Dahinter steht der Gedanke, gegen rechtsextreme Gewalt sei linke Gegengewalt angebracht. Ein innenpolitischer Sprecher der SPD-Bundestagsfraktion forderte Berufsverbot für Mitglieder der Partei *Die Republikaner*[16]. Solche Forderungen untergraben die Glaubwürdigkeit all der Linken, die jahrelang gegen Berufsverbote gekämpft haben, denn da wird mit zweierlei Maß gemessen: Berufsverbote gegen Rechtsextremisten werden gerechtfertigt, solche gegen Linke bekämpft.

Diese *konkret*-Sentenz ist kein Ausrutscher. Gemeinsam kommen der zeitweilige Sprecher der Grünen Thomas Ebermann, der Marburger Politikwissenschaftler Georg Fülberth und der *konkret*-Herausgeber Hermann L. Gremliza auch zu der folgenden Einsicht: »Eine Organisation wie die ›Republikaner‹, die ihre Klientel auf schwächere Menschengruppen hetzt, verdiente die schlagkräftige Feindschaft aller, welche die Verfolgung anderer auch als Demütigung ihrer selbst empfinden, und die Aufklärung jener, die in Gefahr sind, sich täuschen zu lassen.«[17] In diesem Kontext dürfte »schlagkräftig« kaum metaphorisch gemeint sein. Ächtung und Ausgrenzung heißt die linksradikale Therapie.

Vertreter des Ausgrenzungstheorems setzen Rechtsextremismus häufig mit Ausländerfeindlichkeit gleich. Von der Sehnsucht nach einer »Gesellschaft ohne Ausländerfeinde«, also nach Ausgrenzung, sind viele Linke, u. a. Klaus F. Geiger, seines Zeichens Migrationssoziologe, erfüllt. Der Paderborner Soziologe

Arno Klönne konstatiert hingegen, daß »›Antifaschismus‹ als Ausgrenzung von ›Anfälligen‹ kein Konzept« ist. Der Politologe Bernd Ulrich und die damalige Abgeordnete und Fraktionssprecherin der Grünen Antje Vollmer unterstützen diese Position[18]: »Die Parole ›Ausländer raus‹ durch die Gegenparole ›Nazis raus‹ zu beantworten zeugt [. . .] von denselben wahnhaften Bildern.« In der Tat paßt es nicht zusammen, gegen die »Ausgrenzung« von Ausländern anzugehen und gleichzeitig die der eigenen Landsleute zu propagieren.

Eberhard Seidel-Pielen und Klaus Farin weisen in der Zeitschrift der Gewerkschaft Erziehung und Wissenschaft darauf hin, daß Unbehagen häufig erst ernst genommen wird, »wenn es sich deutlich ›rechts‹ artikuliert«: »Es wird übersehen, daß ›Faschosprüche‹ zunächst noch nichts mit Rassismus und Neonazismus zu tun haben müssen, sondern oftmals ein Hilferuf nach Aufmerksamkeit und Anerkennung sind. Überzeugtes neonazistisches Handeln wird es in vielen Fällen erst nach einer längeren Phase der Stigmatisierung als ›Neonazis‹ auch durch Pädagogen, durch Ausgrenzung aus Jugendzentren durch engagierte ›Sozialarbeiter‹.«[19] Ausgrenzung bewirkt häufig erst eine dauerhafte Hinwendung zum rechtsextremen Spektrum. Eine sozialpädagogische Fürsorgeattitüde und selbstgerechte Antifa-Posen schließen aus, daß Rechtsextremisten grundsätzlich als gleichberechtigte Gesprächspartner betrachtet werden.

Die Rechtsextremisten mobilisieren Abstiegsängste und Bedrohungsgefühle. Als Beispiel für diese These läßt sich der Fernsehspot der »Republikaner« anläßlich der Berliner Wahl 1989 anführen, in dem Bilder von türkischen Frauen auf dem Markt und spielenden türkischen Kindern mit der Melodie aus dem Film »Spiel mir das Lied vom Tod« unterlegt wurden.

Ein »ausgeprägtes Neid-Syndrom«, das aus der angeblich deutschen Ablehnung von Schönheit und Genuß resultiere (Wolfgang Pohrt), oder allgemeiner: »Sozialneid« wird als

Grund von Rechtsextremismus angegeben, häufig unbegründet und unanalysiert: Gerhard Paul zufolge schafft die Unmöglichkeit, sich eine Zukunftsperspektive vorzustellen und »auf sich selbst ›stolz‹ sein« zu können, »Kompensations- und Identifikationsbedürfnisse und verschärft den Sozialneid gegenüber denjenigen, denen es vermeintlich besser geht«. Die Rechtsextremisten abstrahierten von »tatsächlichen politischen und ökonomischen Verantwortlichkeiten in der Krise« und böten »insbesondere sozial Benachteiligten Ventilmöglichkeiten für aufgestaute Aggressionen« an[20]. Dieser Erklärungsversuch sieht im Rechtsextremismus ein Ventil für aufgestaute Aggressionen und Frustrationen, die als ungeprüfte Setzung in die Argumentation eingehen. Die Rechtsextremisten werden als Subjekte verkannt, wenn ihnen derlei mechanisch-automatische (Aggressions-) Reflexe zugeschrieben werden.

Die Vorstellung, Rechtsextremismus sei eine Art Krankheit moderner Gesellschaften, findet großen Anklang. Ob dieses Bild das Phänomen Rechtsextremismus zutreffend wiedergibt oder nicht, sei dahingestellt. Auch die Frage, ob diese Krankheit »normal« ist oder nicht, soll zunächst unbeantwortet bleiben. Wenn Rechtsextremismus eine gesellschaftliche Krankheit ist, muß sie bekämpft werden. Frage ist nur, ob dem Symptom Rechtsextremismus mit wirksamen Therapien zu Leibe gerückt wird oder mit Strategien, die den Patienten Gesellschaft keinesfalls von seinem Übel kurieren, sondern bestenfalls durch Scheinaktivitäten eine beruhigende Wirkung (auf die Urheber) auslösen.

Die – häufig verwendete – Metapher »Bazillus« legt nahe, daß es sich beim Rechtsextremismus um eine ansteckende Krankheit handelt. Erfolg und Niedergang des Rechtsextremismus werden als Krankheitsgeschichte erzählt. Günter Wallraff spricht im Vorwort zu Michael Schomers Bericht »Deutschland ganz rechts« von einem »besonders resistenten Virus«[21]. Der langjährige Vorsitzende des Deutschen Gewerkschaftsbundes,

Ernst Breit, stellt (in einem Vorwort zum Buch *Die ›Republikaner‹* von Richard Stöss) bedauernd fest, daß »auch die Zugehörigkeit zu einer Gewerkschaft nicht gegen den rechtsradikalen Bazillus immunisiert«, und gibt der Hoffnung Ausdruck, daß »Mitläufer und Irregeleitete« in den Schoß der Demokratie zurückgeholt werden können[22]. Gewerkschaftliche Unvereinbarkeitsbeschlüsse gegen Rechtsextremisten deuten darauf hin, daß der Gedanke, diese müßten von den »anständigen« Gewerkschaftsmitgliedern ferngehalten werden, einige Verbreitung gefunden hat. Davon zeugen beispielsweise die entsprechende Entschließung vom 16. Ordentlichen Gewerkschaftstag der IG Metall 1989 oder der Beschluß des Hauptvorstandes der IG Medien vom Oktober 1989. Richard Stöss ist von der Wirksamkeit dieser Maßnahmen nicht überzeugt; trotzdem nimmt er derlei Beschlüsse ausführlich und unkommentiert in den Anhang seines Buches auf[23].

Lehrerinnen und Lehrer, Streetworker, Jugend- und Sozialarbeiterinnen und -arbeiter kümmern sich um die Probleme von Jugendlichen. Auf den ersten Blick wird nicht immer deutlich, daß eine kurzfristige Lösung sich langfristig als Scheinlösung oder sogar Problemverschärfung erweisen kann. Wenn Jugendzentren zu »nazifreien« Zonen erklärt werden, schafft dies zwar unmittelbar Abhilfe, aber mittel- wie langfristig bewirkt die Ausgrenzung, daß rechtsextreme Jugendliche sich noch mehr abschotten, sich nicht ernst genommen und einbezogen fühlen. Ihnen wird Moral gepredigt; es werden keine Problemlösungswege aufgezeigt, aber Gräben aufgerissen und nicht zugeschüttet. Jugend- und Sozialarbeit setzt zwar seit geraumer Zeit generell an Bedürfnissen und Interessen der Klientel an, doch im Falle von Rechtsextremisten wird von der Problemseite her Abhilfe zu schaffen gesucht: Die Jugendlichen oder Jugendgruppen werden zur Problemgruppe gestempelt. Die Mehrzahl der Jugend- und Sozialarbeiter bringt den Schwierigkeiten, die diese Jugendlichen haben, weniger Aufmerksamkeit entgegen als den

Problemen, die sie verursachen. Sowohl die psychoanalytische, therapeutische als auch die pädagogische Praxis unterstellen den Rechtsextremisten psychische Defekte, die es zu beheben gelte. Die antifaschistische Aufklärung bekommt so leicht einen besserwisserisch-schulmeisterlichen Beigeschmack.

Bernd Ulrich stellt diese Umgangsform in einen größeren Zusammenhang: In der Linken sei die Einschätzung dominant, »daß dieses Volk ein Haufen dümmlicher, kryptofaschistischer Spießer ist«. Dieses Klischee entspringe »der Sorge des Therapeuten um den Klienten und des Bewährungshelfers um den Delinquenten«. Die Konsequenzen seien fatal: Die Linke möchte auf dieses Volk nicht setzen und teile entweder eine elitenpolitische Einstellung oder kopple emanzipative Erkenntnis und Aktion an das Opfer. Bernd Ulrich unterstreicht: »Der Antifaschismus kann den Faschismus nie vollständig besiegen, aber er kann die Jugend und die Zukunft verlieren.«[24] Der obsessive Rückblick auf die Vergangenheit schließt den Blick nach vorn aus (und kann zermürbend wirken) – eindrucksvoll vor mehr als 650 Jahren von Dante ausgemalt. In seiner Göttlichen Komödie leitet er den Gang durchs Inferno so ein: »Menschen sah ich kommen still und weinend, langsamen Schrittes durchs gebogne Tal, wie man auf unsrer Welt im Bittgang schreitet. Als dann mein Blick an ihnen niederglitt, welch staunliche Verrenkung zeigt sich da bei jedem zwischen Kinn und Schlüsselbein. Das Antlitz war dem Rücken zugewendet, und rückwärts mußten sie die Füße regen; den Blick nach vorne hatten sie nicht mehr.«[25]

Es wäre abwegig, Böswilligkeit zu unterstellen, um die unangemessene Behandlung des komplexen Problems zu erklären. In Rechnung zu stellen ist, daß Sozialarbeiter, Lehrer, Erzieher, Jugendrichter in gewisser Hinsicht überfordert sind: Sie sind mit den krassen Widersprüchen der sozialen Welt, mit Revolten, Hoffnungslosigkeiten und Leiden jeglicher Art, mit sozialem Sprengstoff, sinnlos erscheinendem Vandalismus konfrontiert, die die moderne Staatsnoblesse, die Ministerialbürokratie und Finanzwelt, ignoriert. Sie wissen als – mit Pierre Bourdieu zu sprechen[26] – »linke Hand« des Staates, daß die »rechte Hand« nicht mehr weiß, oder schlimmer: nicht wissen will, was die linke macht. Jedenfalls will sie den Preis nicht länger zahlen, mit der Konsequenz, daß der Staat sich aus ganzen Bereichen des sozialen Lebens zurückzieht, für die er Garant war, oder sie einer schleichenden Auszehrung überläßt: dem öffentlichen Wohnungsbau, Schule und Universitäten, Krankenhäuser, Bibliotheken, sogar Rundfunk und Fernsehen, die dem fatalen parteipolitischen Ausgewogenheitshandel überlassen werden. Der Welfare State, der sicherlich nicht billig ist, aber seinen Preis wert, soll abgebaut werden, und der Lobgesang auf Privatinitiative und freies Unternehmertum – als ob diese Tugenden nur in Privatunternehmen existierten – dient der Ermutigung von Privat- und Sonderinteressen sowie der Entmutigung allgemeiner Interessen. Für die Allgemeinheit ist es wichtig, die sozialen Funktionen zu erfüllen, und zwar ausgestattet mit den nötigen Mitteln. Der Streit um die Bezahlung der »Diener« der Zivilgesellschaft (wer allerdings denkt bei »öffentlichem Dienst« noch an Dienen?) ist ein Indiz des Wertes, der ihrer Arbeit beigemessen wird, und die bescheidene Höhe ein Anzeichen für die Geringschätzung ihrer Arbeit durch die Gesellschaft. Es dürfte sich von selbst verstehen, daß auf diese Weise keine Ergebenheit gegenüber kollektiven Interessen, Gemeinwesen und res publica zu erreichen ist.

Zivilbürgerliche Tugenden sind im Niedergang, und gewisse Tendenzen in den Medien sowie der Politik tragen aktiv dazu bei. Vom Schweigen der Intellektuellen ist hin und wieder die Rede, doch vom viel verheerenderen Schweigen der meisten Politiker spricht kaum jemand: Wo sind deren Ideale und Zukunftsvorstellungen? Sie profilieren sich eher durch abgeklärtes Abschwören von Visionen, durch Beerdigen von Projekten und

Utopien, durch Sachzwang-Rhetorik, rationalistisches Denken, einen kurzsichtigen Ökonomismus im Sinne des IWF, der durch seine Rentabilitätsbrille langfristige soziale Folgen ausblendet (Abgleiten in Drogensucht, Alkoholismus, Kriminalität, Gewalt und eben auch Rechtsextremismus). Konzeptionslosigkeit und Laissez-aller werden als Normalität hingenommen. Die »rechte Hand« des Staates, die die großen Finanzgleichgewichte über alles andere stellt, läßt die linke Hand allein mit den kostspieligen sozialen Konsequenzen der Budgeteinsparungen. Der Rückzug des Staats unterspült die kollektive Arbeit und die kollektive Verantwortlichkeit, deren philosophische Grundlagen durch die self-fulfilling prophecy der Individualisierung untergraben werden.

Es kann als Begleiterscheinung des Übergangs in eine neue Phase des Kapitalismus angesehen werden, daß der Verteilungskampf schärfer geworden ist. Es geht nicht nur um Zahlungen, sondern mehr noch um »Ressourcen wie Wohnraum, öffentliche Verkehrsmittel, Krankenversorgung, Bildungschancen, dazu andere Parameter der Lebensqualität, auch die Sicherheit vor Übergriffen anderer«, so Wolfgang Fritz Haug[27]. Es ist eine neue Tendenz, daß die Linke Inhalte thematisiert, die lange Zeit zu den Unthemen gehörten: Zur Sicherheitsfrage hatte sie nichts zu sagen, weil sie sich nicht dafür interessierte.

Parallel zu diesen Prozessen gibt es eine Tendenz, eine neue Definition des Intellektuellen durchzusetzen, der »verantwortliche« Scheindebatten führt, wirkliche Alternativen nicht anspricht, über Wahlergebnisse im Sinne der Umfrageinstitute urteilt. Es gibt aber keine wirkliche Demokratie ohne kritische Gegenmacht, und die Intellektuellen sind eine, und zwar eine erstrangige. Die Zerstörungsarbeit an lebenden und toten Intellektuellen (Marx, Bloch, Nietzsche, Sartre, Foucault, Brecht[28] etc.) ist genauso gefährlich wie die Demolierung der res publica und des Gemeinwesens. Unter dem Vorwand, gegen die Verantwortungslosigkeit kritischer, widerborstiger Intellektueller, sperriger Autoren, Querdenker anzugehen, wird eine bestimmte Form der Verantwortlichkeit durchgesetzt: polymorphe Spezialisten, die zwischen zwei Aufsichtsratssitzungen und einem Cocktailempfang noch zu einem Pressegespräch oder Fernsehauftritt eilen, Vielschreiber, die nichts zu sagen haben zu den brennenden Problemen unserer Zeit. Die Logik des intellektuellen Lebens, Argumentation und Widerlegung, ist im politischen Bereich noch durchzusetzen. Derzeit herrscht eher der gegenteilige Trend: Denunziation, Diffamierung und »Sloganisierung« dringen in den intellektuellen Bereich ein (z. B. in Form der Verfälschung gegnerischen Denkens) und richten dort Verwüstungen an.

Opfer oder Täter?

Zwei Deutungen des rechtsextremen Handelns stehen sich in der (sozialpsychologischen wie auch sozialpädagogischen) Opfer-Täter-Diskussion gegenüber: Die einen konzipieren implizit die Massen als Opfer. Diese gelte es zu schützen, z. B. durch ein Verbot oder andere Barrieren, die gegen den rechtsextremen »Bazillus« errichtet werden müssen. Reinhard Opitz zufolge sind Mittelschichtenangehörige »nur immer das Opfer«[29]. Den Spieß einfach herumgedreht hat Claus Leggewie: »Gegen diese ›Opferthese‹ setze ich die ›Täterthese‹.«[30] Birgit Rommelspacher hat diese Auffassung auf eigenwillige Art zu einer Abrechnung mit der Rechtsextremismusforschung ausgebaut: »Nicht die Opfer« der rechtsextremen »Übergriffe, sondern diese deutschen Jugendlichen erscheinen in den sozialwissenschaftlichen Untersuchungen des Rechtsextremismus als die eigentlichen Leidtragenden unserer Gesellschaft. Ihnen besonders gelten Anteilnahme und Mitgefühl. Und unversehens sind aus den Tätern

Opfer geworden.« Gerade »männliche Sozialforscher« würden den Individualisierungsprozeß einseitig bewerten, um einen »notwendigen Baustein zur Konstruktion jener These« zu erhalten, »derzufolge die Rechtsradikalen in erster Linie Opfer sind«, »Opfer widriger Umstände und bedauerlicher Verhältnisse«[31].

Rommelspachers Unterstellung ist nicht bloß überzogen, sondern absurd und zeugt von manichäischem Denken, das sich hinter der Forderung nach Tiefsinnigkeit verschanzt: Die Analysen müßten »grundsätzlicher« werden, weil die »Jagd auf Ausländer« bei uns eine »lange und schreckliche Tradition« habe – »wie auch der Versuch, die Täter als Opfer zu präsentieren, mit dem die Sozialwissenschaft gegenwärtig sehr erfolgreich um gesellschaftliche Anerkennung sich bemüht. [. . .] Außen vor bleiben dabei regelmäßig die tatsächlichen Opfer, die ethnischen Minderheiten selbst.« Ein Blick in die Fülle der Literatur, die sich treuherzig und fürsorglich um die Ausländer kümmert, hätte sie vor solchen Fehlschlüssen bewahrt. Als »grundsätzlich« anerkennt Rommelspacher allein die Kontinuitätsthese. Sie bleibt bei einer einseitigen Schuldzuweisung stehen, reduziert Rechtsextremisten auf die kleine Gruppe rechtsextremer Schläger und stellt die »Täter« als behandlungsbedürftige Patienten hin. Ausländer kommen stets nur als schuldlose »Opfer« ins Blickfeld. Der Gedanke, daß Rechtsextremismus etwas mit der Präsenz oder Zuwanderung von Ausländern, mit Integrationsproblemen o. ä. zu tun haben könnte, wird als höchst anrüchig tabuisiert. Rommelspacher ortet als »Kernstück« rechtsextremer Ideologie »die Polarisierung der Geschlechtscharaktere. Ein Mann muß ein richtiger Mann sein und eine Frau eine richtige Frau«. Zwischentöne und Emanzipationsbestrebungen würden diffamiert, und dies sei »ein unverzichtbarer Grundpfeiler vom Hitlerfaschismus bis zur Wahlplattform der ›Republikaner‹«. Für die »männliche« Sozialwissenschaft, so polemisiert sie, sei dies »kein Anlaß zum Nachdenken«: In unserer Gesellschaft werde

»die eigene Position als die einzig rechtmäßige, vernünftige und normale« gesehen, woraus Rommelspacher die (masochistische) Berechtigung ableitete, den Spieß herumzudrehen und die Position der Fremden und Opfer zur einzig legitimen zu machen. Die Schwierigkeiten des Kompromisse-Schließens, Abwägens und Aushandelns hat sie so elegant umschifft – und sich in eine Tradition begeben, deren fatale Logik der Soziologe Norbert Elias herausgearbeitet hat (vgl. S. 140 f.).

Claus Leggewie wies auf die Implikationen der gegensätzlichen Thesen hin und distanzierte sich von beiden: »Die Täter-These läuft immer auf die linke Kammerjäger-Perspektive hinaus: Nazis raus! Wir müssen sie vernichten, um es mal ganz drastisch zu sagen. Wir besorgen die soziale Hygiene in diesem Land. Die Opfer-These landet bei der Sozialarbeiter- und Pädagogen-Haltung. Das sind alles fehlgeleitete Menschen. Wir müssen ihnen neue Vorstellungen vermitteln. Sie brauchen die linke Leitlinie . . .«[32] Sowohl die Täter-These mit dem dazugehörigen Maßnahmenkatalog zur Durchsetzung sozialer Hygiene als auch die Opfer-These wird der komplexen Realität nicht gerecht: Rechtsextremisten gelten in dieser Opfer-Logik als Gefangene der »doxa«, und so wird ihnen die Verantwortung für ihr Tun genommen, obwohl das Gegenteil bezweckt wird. Das Opfer-Täter-Schema ist zu einfach.

Der Wahrheit näher käme eine Deutung, die beide Momente einbezieht und verbindet: Die rechtsextremistischen Wähler sind sowohl Opfer, weil sie nur durch Wahl einer rechtsextremen Partei zu Wort kommen, als auch Täter, weil sie bei ihrer Wortmeldung das rechtsextreme Programm bewußt in Kauf nehmen. Der Essayist Lothar Baier hat darauf hingewiesen, daß es den Wählern rechtsextremer Parteien gleichgültig ist, ob sie für Neofaschisten gehalten werden: Sie fühlen sich so vom Geschehen ausgeschlossen, daß sie sich derlei Fragen nicht mehr stellen. Sie wünschen einfach, daß jemand für sie die Stimme erhebt und sie so zu Wort kommen. Gemäß dieser Logik ist die Stimmabgabe »als Bekundung des politischen Willens« funktional geworden. Klaus Hartung interpretiert oder besser: feiert die Wahl der Republikaner als Fortsetzung einer »Emanzipation der Bevölkerung vom Parteiensystem«, was für sich betrachtet gar nicht so falsch sein mag, aber im größeren Kontext doch einer Illusion aufsitzt. Die Republikanerwahl sei eine »Protestwahl« gegen die Parteien, deren Antworten nicht mehr überzeugen. Es sei »das typisch deutsche, ressentimentgeladene Zu-kurz-gekommen-Sein jener, die (fast) alles haben, die larmoyante deutsche Mehrheit als Minderheit«[33]. Auf diese sozialpsychologische Deutung wurde bereits eingegangen. Der arrogante Grundton, den Hartung gegenüber den Wählern anschlägt, scheint viel mit eigenen Ressentiments zu tun zu haben: Deutsche Unterprivilegierte interessieren nicht, sie müssen schon ausländischer Herkunft sein.

Rommelspacher hebt in anklägerischem Ton hervor, Deutschland sei »eines der reichsten Länder der Welt«, habe »eine der geringsten Aufnahmequoten für Flüchtlinge«[34], und die Deutschen hätten »Interesse vor allem an der Ausbeutung anderer Länder und am Erhalt des eigenen Wohlstands, den man nicht mit anderen teilen möchte«. Die Autorin suggeriert, daß nur mit der Abschaffung der Ausbeutung das rechtsextreme Übel an der Wurzel kuriert wird, also mit einer neuen Weltordnung. Dazu hat Peter Glotz das Notwendige gesagt: »Die Schönschwätzer, die von einer ›neuen Weltordnung‹ faseln, wissen nicht, wovon sie reden.«[35] Eine effektive Bekämpfung des Rechtsextremismus ist von ihnen nicht zu erwarten.

Fazit: Der Hinweis auf autoritäre Persönlichkeitsstrukturen als massenpsychologische Basis von Rechtsextremismus ist sinnvoll, solange er nicht dazu dient, der politischen Auseinandersetzung mit Rechtsextremisten auszuweichen und diese auf die Couch zu befördern. Psychologisierende Verballhornungen können als Instrument zur Ausgrenzung benutzt werden, zur gesellschaftlichen Ächtung bis hin zum Berufsverbot. Derlei Strategien richten immensen Schaden an: Gerade die Stigmatisierung Jugendlicher als rechtsextrem kann die Festschreibung und Verstärkung solcher Tendenzen zur Folge haben. Die in diesem Zusammenhang zu erwähnende Opfer-Täter-Debatte führt in zwei entgegengesetzte Sackgassen: einerseits die Position, die gegen die Täter soziale Hygiene durchsetzen, andererseits die, die ihnen die linke Orientierung nachliefern möchte. Die Zweiteilung in Ausländer=Opfer und Deutsche=Täter ist in linken Kreisen weit verbreitet und daher eine nähere Betrachtung wert, die weiter unten (vgl. S. 104 ff.) am Beispiel einer *konkret*-Reportage erfolgt. Die Parteinahme für die Opfer dient häufig als Richtschnur, die alles andere vergessen machen möchte; aber es genügt nicht, Opfer zu sein: »Aus erlittenem Unrecht folgt nicht die moralische Überlegenheit in jedem Fall.«[36] Die Solidarisierung mit den Opfern dient unter Linken stets auch dazu, das Gefühl zu bestärken, die richtige Einstellung zu pflegen. Der Verweis auf die Notwendigkeit einer Neuen Weltwirtschaftsordnung verlagert die Bekämpfung rechtsextremer Tendenzen ins vag Kosmopolitische.

Die Aufklärungs-Strategie

Als Vertreter der Aufklärungsstrategie bezeichne ich diejenigen, die davon ausgehen, daß mit einer besseren und intensiveren (historischen) Aufklärung dem Rechtsextremismus das Wasser abgegraben werden kann, daß Aufklärung, Bildungsarbeit und »pädagogisches Handeln« ein »Bollwerk gegen rechtsextremistische Versuchungen« darstellen können[1]. »Aufklärung« als Patentrezept findet bei der Mehrzahl der Theoretiker und Praktiker, die sich mit Rechtsextremismus auseinandersetzen, großen Zuspruch. Dagegen wäre nichts einzuwenden, würde darunter nicht häufig eine Mischung aus Aufarbeitung der NS-Vergangenheit und investigativem Journalismus über die rechtsextreme Szene verstanden: Geschichtslektionen über die NS-Zeit, Insiderberichte[2] nach Wallraff-Manier, volkspädagogische Aufrufe, Druck antifaschistischer Broschüren, einseitig-verkürzte Ideologiekritik, aber auch die Veröffentlichung langer Listen von Überfällen auf Ausländer sollen dazu dienen, die richtige, sprich: antifaschistische Gesinnung (und Moral) hervorzubringen. Die Leser dieser Schriften werden eher mit linken Einschätzungen traktiert denn informiert.

Manch vehementes Plädoyer für Gegenaufklärung macht geschickte rechtsextreme Propaganda, Vorurteile sowie »falsches Bewußtsein« für den Aufstieg der Rechtsextremisten verantwortlich. Hajo Funke beispielsweise hält es für eine Herausforderung, »Aufklärung über die neonazistischen [sic!] Elemente in Agitation und Programmatik der ›Republikaner‹« zu liefern[3]. Die zielgerichtete Suche einzig und allein nach »neonazistischen« Elementen, die aus Interviews, Reden, Programmen etc. herausgepickt werden, bietet seit Jahrzehnten wenig Neues oder Anregendes. Der Zweck dieser – methodisch unreflektierten – Übung kann nur darin bestehen, die Kontinuitätsthese zu belegen, um die Reps oder andere Rechtsextremisten unter Faschismusverdacht bzw. unter das Faschismusverdikt zu stellen. Es geht vornehmlich um »Entlarvung«, wobei die Motive der Wählerschaft in den Hintergrund rücken. Ob diese Aufdeckungsaktionen effektiv sind oder nicht – diese Frage stellt niemand.

Aufklärung und Aufarbeitung der Vergangenheit lassen sich nicht säuberlich voneinander trennen, weil politische Bildung, schulische und außerschulische Bildungsangebote darauf setzen, daß eine »fundierte historische Aufklärung über das NS-Regime eine Immunisierungsfunktion gegenüber rechtsextremen Anfälligkeiten« leisten könne[4]. Neben diese traditionelle pädagogische Arbeit in Bildungsstätten (antifaschistische Wochen, Seminare etc.) sind seit einiger Zeit alternative Stadtrundfahrten, der Besuch von Gedenkstätten, Ansätze von Alltagsgeschichtsschreibung und Projektunterricht getreten. Ernst Wolowicz, wissenschaftlicher Assistent bei der Münchener SPD-Stadtratsfraktion, hält in einer Broschüre der »Schriftenreihe der bayerischen SPD« eine »harte Aufklärungsarbeit« für erforderlich und proklamiert: »Selbstverständlich sind antifaschistische Manifestationen und Demonstrationen notwendig und sinnvoll. Dies allein reicht jedoch ebensowenig aus wie das notwendige Verbot offen neofaschistischer Organisationen.«[5] Die Warnung vor dem Rechtsextremismus, der als Gefahr für die Demokratie gesehen wird, durchzieht zahlreiche linke Publikationen wie ein roter Faden, ohne daß dieses Argument empirisch belegt würde.

Der Rechtsextremismusforscher Richard Stöss plädiert für Unterrichtsformen und Projektmodelle, die »Aufklärung und Betroffenheit miteinander koppeln«[6], und macht damit ein Zugeständnis an den Betroffenheits-Zeitgeist. Moralische Abscheu und Distanzierung lassen sich aber nicht durch pädagogische

Tricks hervorrufen und nicht anerziehen. Die Distanzierung kann nur aus der Behandlung des Themas selbst resultieren, aber wenn dieses Ergebnis allzu zielsicher und penetrant angesteuert wird, kann dies die unerwünschte Haltung hervorrufen: Die Schüler werden um den Erkenntnisprozeß gebracht, weil dessen Ergebnis von vornherein feststeht.

Die Befürchtung, eine weniger emotionalisierte Auseinandersetzung mit der NS-Zeit lasse diese zu einer »abstrakten Größe« werden und die »Betroffenheit« zu kurz kommen, übersieht, daß in der Diskussion um die NS-Zeit die bloßen Worte – als ideologische Waffen in Machtkämpfen – bereits mit Gefühlsgehalten besetzt sind. »Gegenwartsbezüge« und vorschnelle Analogien zwischen Fremdenhaß in der Weimarer Republik und in der heutigen Bundesrepublik sind ohnehin historisch fragwürdig. Eine Erziehung zu Mündigkeit und Demokratie muß Risiken eingehen, weil ein sicherer Königsweg ohne Abgründe nicht existiert. Emotionen dürfen nicht im Vordergrund stehen: Wem es eher darum geht, Affekte gegen die NS-Zeit zu mobilisieren, als darum, solide Kenntnisse und Zusammenhangswissen zu vermitteln und dabei eindeutige Begriffe zu verwenden, der behindert kritisches Denken.

Hat es Sinn, ein Neuaufkommen rechtsextremistischer Parteien mit verstärkten Bestrebungen zur Aufarbeitung der NS-Zeit zu begegnen, mit vermehrten Auschwitz-Pflichtbesuchen, mit einseitiger Aufklärung? Diese Einseitigkeit einer Aufklärung über »Greuel und Verbrechen« der NS-Zeit kann kontraproduktiv wirken. So gibt Hilde Schramm in einem von der GEW Berlin herausgegebenen Buch über »Antifaschistische Erziehung in der Schule« die Erfahrung einer Hauptschullehrerin wieder, die bestürzt über einen Besuch der Gedenkstätte Plötzensee berichtet: Die Schüler »fanden das ganz toll. Die wollten immer noch eine Strippe sehen, an der einer aufgehängt wurde ... Ich bin dabei gestanden und habe gedacht, das kann doch nicht wahr sein. Ich konnte das auch später nicht ansprechen ... Ich habe dann mit der Unterrichtseinheit aufgehört.« Hilde Schramm fährt fort: »Von Kollegen wußten die Lehrerinnen zudem, daß in verschiedenen Klassen nach der Behandlung der NS-Zeit im Unterricht profaschistische Schmierereien zugenommen hatten.«[7] Viele Lehrerinnen und Lehrer sind schlicht überfordert und können zudem auf nur wenig Hilfestellung seitens Pädagogik und Wissenschaft rechnen. Eine Konsequenz müßte darin bestehen, sich verstärkt über das Wie des Unterrichts Gedanken zu machen. Bernd Ulrich und Antje Vollmer weisen darauf hin, daß »mit dem drohenden Zeigefinger ›Denkt an die Opfer‹ – ›Wehret den Anfängen‹«[8] eine Verarbeitung der Geschichte nicht zu erreichen ist – und Aufklärung erst recht nicht. Moralisierende »Gegeninformationen« und Belehrungen fruchten nichts.

Eine akademisch-politologische Aufklärung, die nirgends anecken will, wie sie beispielsweise ein Forschungsleiter der Konrad-Adenauer-Stiftung[9] vorführt, verfehlt gleichfalls die Realität: Da werden im Programm der Republikaner »erhebliche politische Defizite« sowie »rückwärtsgewandte Denkfiguren« ausgemacht, »antipluralistische Tendenzen« und »antimoderne Affekte«. Das Programm wird als »eindimensional« und »überzogen« kritisiert und die »mangelnde Systematik« hervorgehoben. Die beanstandeten Punkte mögen allesamt zutreffen und gehen doch an der Sache vorbei. Welchem Parteiprogramm wären nicht Defizite nachzuweisen? Diplom- und Doktorarbeiten werden damit gefüllt. Der Forschungsleiter begibt sich nicht aufs Terrain, sondern faßt wie mit der Zange das Programm an und zerpflückt es akribisch, eine zu leichte Übung – die folgenlos bleiben wird, weil sie keine Wähler erreicht und, falls das über Multiplikatoren doch der Fall sein sollte, keinen überzeugt. Die Lektüre soll dem geneigten Leser bestätigen, was er ohnehin schon weiß. Brauchbar zur Bekämpfung des Rechtsextremismus sind solche Fingerübungen nicht.

Weitgehend hilflos verfährt der journalistische Antifaschismus. Der Pariser *Zeit*-Korrespondent Joachim Fritz-Vannahme berichtet über Le Pen, der Präsident werden möchte: Zunächst habe Mitterrand dem »Paria« aus seinem »Schattendasein« herausgeholfen, und nun träufle dieser »politische Verführer« sein »Gift« unter die Zuhörer, mache Angst und spiele genüßlich Szenen seines »Angsttheaters«. Der Journalist tadelt eine Linke, die Le Pen zum »Aussätzigen des Systems« gestempelt habe[10]. Es dürfte sich von selbst verstehen, daß ein Metaphern-Potpourri aus Verführung, Gift, Paria, Aussätziger nicht dazu geeignet ist, das Phänomen Le Pen begreifbar zu machen. Die begriffliche Beliebigkeit wird nur noch vom Mangel an politischer Präzision übertroffen.

Der politische Journalismus offenbart seine Schwächen: »schlechte Vorbereitung, Oberflächlichkeit und Hang zu vordemokratischer Pädagogisierung« (Bernd Gäbler). Diese Kritik gilt generell für deutsche Verhältnisse: »Die meisten Beiträge und Sendungen über die Republikaner sind so angelegt, daß sie eine Gruppe gewiß nicht erreichen: die potentielle REP-Wähler.«[11] Das selbstberuhigende Moment der Aufklärungsstrategie hat zur Folge, daß sie hermetisch wirkt. Angesprochen werden vornehmlich die sowieso Überzeugten, nicht aber die durch den Rechtsextremismus Gefährdeten.

Der unerschütterliche Glaube – z. B. der Zeitschrift *konkret* –, links sei gleichbedeutend mit gut, führt zu selektiver Wahrnehmung und zu einer Konzeption von Aufklärung als Fortsetzung der Politik mit fragwürdigen pädagogischen Mitteln und Vorgaben.

Indoktrination mit »guter«, also linker Gesinnung hatte Immanuel Kant jedoch nicht im Sinne, als er sich an die Beantwortung der Frage: »Was ist Aufklärung?« (1783) machte: »Aufklärung ist der Ausgang des Menschen aus seiner selbst verschuldeten Unmündigkeit. Unmündigkeit ist das Unvermögen, sich seines

Verstandes ohne Leitung eines anderen zu bedienen. Selbstverschuldet ist diese Unmündigkeit, wenn die Ursache derselben nicht am Mangel des Verstandes, sondern der Entschließung und des Mutes liegt, sich seiner ohne Leitung eines andern zu bedienen. Sapere aude! Habe Mut, dich deines eigenen Verstandes zu bedienen! ist also der Wahlspruch der Aufklärung.«[12] Der Wahlspruch ist längst in Denkfaulheit untergegangen.

Kritische Stimmen gegen eine naive Aufklärungsstrategie mehren sich. Da die Gefahr eines Wiederauflebens des historischen Nationalsozialismus nicht besteht, ist – so auch Richard Stöss – »mit einer besseren und intensiveren Aufklärung über den Nationalsozialismus allein wenig [zu] erreichen«[13]. Hans-Gerd Jaschke begrüßt es, daß die antifaschistische Aufklärung »zunehmend selbstkritisch die alten Mythen des ›Antifaschismus‹ zerstört und eine realistische, alltagsorientierte Pädagogik der kleinen Schritte befürwortet« mit »sozial- und bildungspolitischen Lösungen«[14].

Zu Aufklärungsaktionen zählen Resolutionen und Demonstrationen. Wilhelm Heitmeyer überzeugt die apodiktische Behauptung nicht, daß diese sinnvoll und nützlich seien: »In den gängigen Resolutionen und Demonstrationen kommt der ritualisierte Antifaschismus, der weitgehend auf Selbstbestätigung reduziert ist und Selbstkritik ausklammert, insbesondere dann zum Vorschein, wenn er vor allem diejenigen, die etwa zur Gruppe der Verunsicherten oder der vorsichtig Zustimmenden gehören, nicht erreicht.« Am Aufklärungskonzept kritisiert er: »Noch immer dominiert die einfache Gleichung ›Je mehr Jugendliche über Auschwitz wissen, desto resistenter sind sie gegenüber dem heutigen Rechtsextremismus‹. Diese Gleichung geht so nicht mehr auf.«[15] Fraglich ist, ob sie jemals aufgegangen ist. Peter Dudek stimmt dieser Einschätzung zu: »Antidemokratisches Denken und rechtsextremes Handeln basieren nicht auf Informations- oder Aufklärungsdefiziten über den historischen Nationalsozialismus.«[16]

Die Aufklärungsstrategen greifen entschieden zu kurz und überschätzen die Bedeutung von historischer Aufklärung. Darüber hinaus haftet den Aufklärern – ungewollt – etwas Besserwisserisches, Oberlehrerhaftes an, und zwar wegen des Eifers, mit dem sie ihre Aufklärung an die Frau und den Mann bringen. Der Stellenwert historischer Aufklärung im Kampf gegen Rechtsextremismus wird zu hoch veranschlagt. Die Aufarbeitung historischer Erfahrungen droht ins Leere zu laufen, wenn es nicht vorrangig darum geht, die Implikationen aktueller rechtsextremer Konzeptionen aufzuzeigen. Dem rechtsextremen Gegner wird die Gegenargumentation leicht gemacht: Dessen bloßer Hinweis auf die Tatsache, daß er sich vom historischen Faschismus distanziert, entwertet die Geschichtslektionen ganz erheblich.

Der Schriftsteller Arno Plack weist auf einen Nebeneffekt hin, den die Strategie der »Volkserziehung«, die die Deutschen als Objekt der Erziehung auffaßt, schon Anfang der achtziger Jahre aufwies: »Wenn wir die Jahrzehnte dieses Jahrhunderts zurückblicken, sehen wir Deutsche uns als ein unausgesetzt zurechtgewiesenes und pädagogisiertes Volk. [...] Es war wohl von Anfang an der Fehler der ›Umerziehung‹ wie der antifaschistischen Pädagogik in den Schulen, Volkshochschulen und Massenmedien, daß sie viel stärker eben das herausgestellt hat, was nicht sein sollte: den ›Faschismus‹, als daß sie zu einer positiven Schätzung demokratischer und liberaler Grundsätze und Verhaltensweisen hingeführt hätte.«[17]

Der destruktive Aspekt herrschte vor, so daß positive Identifikationsangebote und Leitfiguren ins Hintertreffen gerieten. Die negativistische Anti-Haltung wirkt lähmend und hat als Kehrseite das Fehlen eigener positiver, konstruktiver Vorstellungen. Das Rückwärtsgewandte dieser Art von Aufklärung verstellt – wiederum ungewollt – den Blick und damit den Weg in die Zukunft. Arno Plack führt weiter aus: »Wir ernten da auch die

Früchte einer antifaschistischen Erziehung, die im reinen Anti sich erschöpft, also den Eindruck vermittelt: Um ein guter Demokrat zu sein, genüge es, auf der richtigen Seite der miteinander streitenden Parteien zu stehen. Wer so zu denken gelernt hat, dem kommt es auch leicht in den Sinn, den innenpolitischen Gegner als [. . .] ›Faschisten‹ zu verunglimpfen.« Klar und überzeugend benannt sind die Implikationen einer bloßen Anti-Haltung, die eine Abkehr von der Zukunft enthält. Klaus Hartung präzisiert das Problem: »Welche Antworten hat die Linke parat? Verdrängt sie nicht selbst ihre eigene Zukunftsangst im Kampf gegen die rechte Gefahr? [. . .] In den letzten Jahrzehnten hat die bundesdeutsche Linke kaum noch eine Einigkeit in gemeinsamen Zielen gesucht, sondern beschränkte sich immer mehr darauf, in Abwehrkämpfen einig zu sein.«[18]

Einigkeit besteht über die Notwendigkeit einer Abwehr rechtsextremer Gefahren, und neuerdings hat sich ein Konsens um die Forderung, die DDR-Vergangenheit aufzuarbeiten, herauskristallisiert. Dieses Vorhaben hat den Nebeneffekt, daß Linke und Bürgerrechtler, die noch vor wenigen Jahren tonangebend waren und sich mit der Zukunft beschäftigten, ihre Köpfe in Stasi- und andere Akten gesteckt, also sich rückwärtsgewandten, vergangenheitsorientierten Aktivitäten zugewandt haben. Erst durch diese beiden Arten der Selbstbeschäftigung – Abwehr und Vergangenheitsverarbeitung – ist die deutsche Linke in die Defensive geraten: Diese Defensive ist nicht einfach das Ergebnis »unglücklicher« äußerer Umstände – weltpolitischer Umwälzungen (wie die Implosion der realsozialistischen Regime) –, sondern weitgehend (durch deren Verarbeitung) selbst erzeugt. Diesen Nebeneffekt der Vergangenheitsaufarbeitung übergeht Jürgen Habermas in seiner berechtigten Kritik an »Abwieglern«, die den bekannten Schlußstrich ziehen wollen. Er sieht zwar »Chancen einer offenen Kontroverse«, benennt aber nicht die Risiken[19].

Die Versuchung, auf das Terrain von Abwehrkämpfen auszuweichen, ist groß. Willi Winkler resümiert das alte Denken: »Früher, als alles noch schöner war, früher war die Welt noch in Ordnung. Da war links gut und schön – und rechts böse böse. Rechts standen Strauß und Löwenthal Seit' an Seit', und links kämpften brüderlich mit Herz und Hand Heinrich Böll und Willy Brandt.«[20] Die Beschwörung einer rechtsextremen Gefahr stellt diese (alten) Verhältnisse wieder her, aber die Situation hat sich grundlegend geändert, und die Linke steht vor einer komplexer gewordenen Welt. Statt dieser Herausforderung offensiv zu begegnen, verlegen sich viele auf eine Negation, die die bestehenden Verhältnisse nicht zum Tanzen bringt (Anti-Rassismus, Bekämpfung des Rechtsextremismus, Aufarbeitung der Vergangenheit usw.), und verbleiben in alten Denkstrukturen, die blockierend wirken. Obwohl sie sich der Partei der Veränderung zugehörig fühlen, scheinen sich diese Linken bis auf weiteres aus der Geschichte verabschiedet zu haben.

Zurück zu den Thesen über Rechtsextremismus: Viele linke Politikwissenschaftler betrachten Rechtsextremismus vorrangig als politisches Phänomen und leisten damit einer vorschnellen Politisierung und politischen Etikettierung Vorschub. Mehrere Fragen beherrschen derzeit die politikwissenschaftliche Diskussion: ob der rechtsextreme Erfolg Ausdruck eines Protests gegen etablierte politische Kräfte ist, ob eher ideologische Motive für die Wahlerfolge rechtsextremer Parteien ausschlaggebend sind oder ob es sich bei den Wählern in erster Linie um »Wohlstandschauvinisten« handelt, die den bundesdeutschen Wohlstand ausschließlich mit ihresgleichen, also richtigen Deutschen, zu teilen bereit sind. Vertreter der Protestthese behaupten, daß die Rechtsextremisten ein Sammelbecken der Unzufriedenheit sind, eine Partei mit eingängigen Parolen, aber ohne ernsthaftes Programm, ohne festes Weltbild. Die Protestwahl sei insofern rational, als das Kalkül dahinterstehe, die Verantwortlichen zu einer Änderung ihrer Politik zu veranlassen.

Viele linke Sozialwissenschaftler neigen der These zu, die Ursachen von Rechtsextremismus seien letztlich sozialer Natur. Diese Annahme ist von Politikwissenschaftlern und Journalisten mißverstanden und dahingehend gedeutet worden, als könne ein verstärkter Wohnungsbau und ein Mehr an Arbeitsplätzen die Ursachen des Rechtsextremismus beseitigen. Die These der sozialen Ursachen reduziert Birgit Rommelspacher auf einen ökonomistisch-platten Popanz, den niemand vertritt: Sie fragt in provokantem Gestus, ob »der Verweis auf Armut als Quelle von Ausländerhaß nicht zynisch« sei. Offenbar erliegt die Autorin einem reduktionistischen Marxismusverständnis, demzufolge ökonomisches Elend und Not zu Radikalisierung führe. Diese Platitüde hat den Vorteil, daß die Autorin sie selber richtigstellen kann: »Wirtschaftliche Not und prekäre Zukunftsaussichten prädestinieren keineswegs in besonderer Weise für eine neonazistische Gesinnung.« Darüber hinaus nimmt sie die Armen in Schutz, denn es sei erwiesen, »daß Angehörige verarmter Bevölkerungsschichten weniger ausländerfeindlich agieren als sozial integrierte und gutsituierte Wohlstandsbürger«[21].

Zahlreiche Studien sind zur Soziologie der rechtsextremen Wählerschaft erschienen: Sie legen deren geographische Verbreitung und soziostrukturelle Zusammensetzung, die meist interklassistisch, schichtenübergreifend ist, ihre politischen Einstellungen sowie Erklärungshypothesen dar – häufig wird auf ein verbreitetes Unsicherheitsgefühl in Großstädten rekurriert –, aber es bleibt meist unklar, welche Wertigkeit die einzelnen Gründe besitzen und wie sie miteinander verknüpft sind. Es ist unstrittig, daß eine monokausale Erklärung untauglich ist, aber die Tatsache der Vielschichtigkeit von Gründen darf nicht Vorwand sein, um eine Gewichtung zu vermeiden.

Erfolge rechtsextremer Parteien können als Seismograph innenpolitischer und sozialer Probleme aufgefaßt werden. Eine Zunahme von Gewalttätigkeit und gesellschaftlichem Gewaltpotential wäre somit Indikator für soziale Schwierigkeiten und nicht Ausfluß aufgestauter Aggressionen und Frustrationen.

Claus Leggewie relativierte die politische Motivation der gegenwärtigen Ausländerfeindlichkeit in Deutschland (vgl. S. 113 ff.): Viele jugendliche Gewalttäter handelten im Grunde nicht aus politischen Motiven, wenn auch ihre Handlungen politisch folgenreich seien. Die französische Variante der Jugendgewalt in den Vorstädten sei eruptiv, so der Soziologe und Jugendforscher Didier Lapeyronnie, und habe eine Ursache im Verschwinden der Arbeiterbewegung mit ihren kulturellen Organisationen[22]. In verkommenen Vorstädten sei die Integration der zweiten Generation der Immigranten vollkommen fehlgeschlagen. Manche reden bereits vom »Krieg in den Städten«. Eine Wiedergeburt der Ghettos scheint bevorzustehen oder schon im Gange: Die Marginalen in den Ghettos sind wie exzentriert, in die Exterritorialität verbannt. Auch das Bildungssystem habe die ihm zufallende Funktion nicht erfüllt. Einer durch Bildungsinstitutionen tradierten Kultur anzugehören gilt als Bedingung für gesellschaftliche Akzeptanz[23]. Von einer Gruppe als Mitglied anerkannt zu werden ist mitkonstituierend für Zugehörigkeit.

Wilhelm Heitmeyer bekräftigt die Diagnose vom eruptiven Charakter der Gewalt und prophezeit, daß diese »Konflikte, die in ethnischen Zusammenhängen selten ohne Gewalt ausgehen, zunehmen«, und zwar in dem Maße, wie »Integrationsprobleme der Zugewanderten« mit gesellschaftlichen Desintegrationsproblemen der Einheimischen zusammenfallen: Eine »innenpolitische Aufrüstung«[24] werde vorangetrieben. Da die Länder Europas faktisch Einwanderungsgebiete geworden sind, bleibt die Integration der Einwanderer ein Dauerproblem der nächsten Zeit. Weder Assimilation noch Ghettoisierung sind Alternativen zum schwierigen Pfad der Integration. Eine innenpolitische Aufrüstung müßte durch eine vorausschauende Politik vermieden werden, wenn Mord und Totschlag nicht zum Alltagsgeschehen gehören sollen.

Eine häufig angeführte Ursache von Rechtsextremismus bilden ökonomische, soziale und andere Modernisierungsprozesse, die Gewinner und Verlierer hervorbringen sollen. Während sich die Modernisierungsgewinner mit dem »Fortschritt«, der »Moderne« identifizieren, sehen sich die Modernisierungsverlierer als Opfer dieser Prozesse und wenden sich gegen die »Moderne« und ihre Konsequenzen. Die Wähler rechtsextremer Parteien werden auf dieser Verliererseite angesiedelt. Gegen diese Annahme wurde Widerspruch angemeldet. Hans-Georg Betz, Gastprofessor in Rom, schreibt: »So verführerisch die These von den Modernisierungsverlierern zur Erklärung der Wahlerfolge radikal rechtspopulistischer Parteien ist, so schwierig ist es, sie zu belegen.«[25] Die These ist in der Tat höchst fragwürdig, weil sich Rechtsextremismus, wie die Forschung mittlerweile herausgearbeitet hat, keineswegs nur auf der Seite von Modernisierungsverlierern findet, sondern ebenso auf der Seite der Modernisierungsgewinner. Nicht wer bereits Wohlstand und Privilegien verloren hat, bildet das rechtsextreme Wählerpotential, sondern wen die Angst umtreibt, ihm könne dieses Unheil zustoßen. Die Terminologie selbst ist im übrigen problematisch: Hinter dem euphemistischen und unspezifischen Etikett Modernisierung – vor einiger Zeit hieß es »sozialer Wandel« – versteckt sich nicht zuletzt der Prozeß, der im Klartext Durchkapitalisierung, neuer Kapitalisierungsschub, Übergang des Kapitalismus in eine neue Phase heißen könnte. Klaus Hartung vermutet hinter dem Begriff der Modernisierungsverlierer die arrogante Unterstellung, »daß die Motive für eine rechtsradikale Wahlentscheidung auf jeden Fall fragwürdig sein müssen«. Es sei jedoch abwegig, die Wähler zu Verlierertypen oder schlichtweg zu »Deppen« zu stempeln[26].

Die Begrifflichkeit selbst ist zweifelhaft: Modernisierung ist zunächst ein Kampfbegriff, der an eine Befürwortung der

Anpassung an »Sachzwänge« und »Weltmarkterfordernisse« gekoppelt ist. Diese angeblich unumgehbaren Zwänge bleiben unbezweifelt. Die Aufteilung in »winner« und »loser« wird in verschiedensten Bereichen verwendet, ohne daß ein Erkenntnisgewinn oder gar ein Sinn erkennbar wäre. Sie verdeckt im gesellschaftlichen Bereich, daß es um aufsteigende gesellschaftsbestimmende und niedergehende Gruppierungen geht, also stets um Machtzuwachs bzw. -verlust und damit um die Frage der Macht und Demokratie.

Eine Rede von »der« Modernisierung verbirgt, welch verschiedenartige Konzepte und Realitäten dahinter stecken können. Welche unter den möglichen Modernisierungsalternativen ist gemeint? Jede Version hat andere »Gewinner« und »Verlierer«. Von daher ist eine Präzisierung unumgänglich. Sind nicht die gesellschaftlichen Ausschließungsprozesse ein Ansatzpunkt, und ist nicht die Bedrohung, einem Ausgrenzungsprozeß zum Opfer zu fallen, ein ursächlicher Faktor für das Abdriften in rechtsextreme Kreise? Noch fragwürdiger ist die Strategie, die hinter dem Modernisierungstheorem steht: Zielt das Konzept auf Apologie der bestehenden Verhältnisse und damit auf Nicht- oder Gegen-Aufklärung?

Der Wahlspruch »Aufklärung tut not« ist plausibel, solange es tatsächlich um Aufklärung geht und diese nicht mit Indoktrination und manipulativen Berichten verwechselt wird. Zwar stoßen Information, Aufklärung, argumentative Auseinandersetzung da an Grenzen, wo sie an Gewohnheiten, Traditionen, Gefühle oder festgefahrene Verhaltensweisen rütteln möchten. Doch eine ekelgeschüttelte Abwendung kann noch weniger bewirken als Aufklärung, kann die Rechtsextremisten eher in ihrer Haltung bestärken und verhärten. Aufklärung ist und bleibt ein unentbehrlicher Bestandteil politischer Auseinandersetzungen. Ob sie gegenüber Demagogie wenig auszurichten oder diese in Grenzen zu halten vermag, ist strittig.

Die Antikapitalismus-Strategie

Die Aussage – »Wer aber vom Kapitalismus nicht reden will, sollte auch vom Faschismus schweigen« (Max Horkheimer 1940) – steht als Motto über zahlreichen Studien, die offen propagieren oder zwischen den Zeilen zu erkennen geben, daß eigentlich der Kapitalismus abgeschafft werden müsse, um den Rechtsextremismus grundlegend zu beseitigen. In geradezu »klassischer« Form hat Henry Ashby Turner dieses Grundaxiom der marxistischen Faschismusdiskussion auf den Punkt gebracht: »Entspricht die weit verbreitete Ansicht, daß der Faschismus ein Produkt des modernen Kapitalismus ist, den Tatsachen, dann ist dieses System kaum zu verteidigen.«[1] Hinter diesem Axiom steht die Absicht, das kapitalistische System und zugleich die westlichen Demokratien als faschismusträchtig zu diskreditieren. Diejenigen, die Horkheimers Diktum unterschreiben, bezeichne ich als Vertreter der Antikapitalismus-Strategie.

In der DDR bildete die Aussage Horkheimers die Leitlinie der Faschismusforschung, die sich vorgenommen hatte, die Wurzeln des Faschismus im Kapitalismus aufzufinden und bloßzulegen, und dabei in der Regel reduktionistisch und ökonomistisch vorging. Diese Literatur ist mittlerweile zu Makulatur geworden und sei nur kurz zitiert, um zu belegen, daß Dimitroffs Ausführungen noch als Erklärung herhielten. So schreibt Professor Dr. Karl-Heinz Röder im »fünften Band der Studien zum politischen System des Imperialismus«, der Frankreich zum Thema hat, über die dreißiger Jahre: »Die rechtsextremen, faschistischen Kräfte« wurden »von den aggressivsten und reaktionärsten Kreisen der Schwer- und Rüstungsindustrie sowie der Banken unterstützt«, und die »Parteien der bürgerlichen Mitte verhielten sich in der Auseinandersetzung um die Frage Demokratie oder Faschismus schwankend und inkonsequent. Die Gefahr des Faschismus insgesamt unterschätzend, meinten sie, in den faschistischen Organisationen ein Reservepotential gegen den wachsenden politischen Einfluß der Arbeiterbewegung und anderen Linkskräfte zur Verfügung zu haben.«[2] Wie bei einem Palimpsest schimmert die Dimitroffsche Formel durch: »Reaktionärste Kreise«, »Reservepotential« sind die kapitalismuskritischen Chiffren dieses monokausalen Erklärungsansatzes.

In einem Band der »achtbändigen Dokumentenedition zur Okkupationspolitik des deutschen Faschismus im zweiten Weltkrieg« wird »der Terror als wesentlicher Grundzug der faschistischen Okkupation« ausgemacht und ihm eine »a priori bestimmende Rolle« zugeschrieben[3]. Damit wird implizit »Gegengewalt« und »Gegenterror« gerechtfertigt, was für die damalige Zeit zulässig sein mag, aber dieses Apriori legt Scheuklappen gegen ideologische Faktoren an. Die Zitate ließen sich um weitaus plakativere Einschätzungen aus der DDR der fünfziger, sechziger und siebziger Jahre problemlos vermehren, es sei nur auf das »Philosophische Wörterbuch« von Georg Klaus und Manfred Buhr verwiesen. In der Regel werden Faschismus, Rechtsextremismus, Rassismus und Nationalismus aus dem Funktionieren des kapitalistischen Systems abgeleitet. Die Antikapitalismus-Strategen halten global gesellschaftliche Strukturen und Verhältnisse, die das Kapital bzw. die Herrschenden bestimmen, für die Ursache von Rechtsextremismus.

Diese Erklärung findet auch in Westdeutschland Anklang: Reinhard Kühnl zufolge konnte der Faschismus so viele Anhänger gewinnen, weil der Kapitalismus »die Massen ideologisch auf den Faschismus schon vorbereitet«: Dieser produziere permanent autoritäre und irrationale Denk- und Verhaltensmuster und schaffe somit eine faschismusträchtige Situation[4]. Von daher sei der Sozialismus ein Bollwerk gegen den Faschismus. Ernst

Wolowicz erweitert die These der sozialen Ursachen kapitalismuskritisch: »Die wirksamste Strategie gegen Rechtsradikale ist [...] immer noch eine Politik, die den sozialen Nährboden für deren Parolen durch eine konsequente Beschäftigungs-, Sozial- und Wohnungspolitik vermindert und die Konkurrenzsituation zwischen den Lohnabhängigen abbaut.«[5] Das Wort »Kapitalismus« kommt zwar nicht vor, aber das Adjektiv »konsequent« steht als Kürzel für eine radikal andere Politik, die – wie der Abbau von Konkurrenz – das bürgerlich-kapitalistische Fahrwasser verläßt.

Die »Jugendverbände im Deutschen Bundesjugendring« erklärten zur Wahl der Republikaner in Berlin: »Die Wahl einer Partei, die offen Rassismus und Volksverhetzung propagiert, ist kein Unfall in der heutigen Demokratie. Vielmehr hat sie handfeste Ursachen in der Politik der vergangenen Jahre. Massenarbeitslosigkeit grenzt immer mehr Menschen und Familien aus der Gesellschaft aus.«[6] Wenn Rechtsextremismus kein Unfall, sondern ein Normalfall der heutigen westlichen Demokratien ist, ein Ausfluß der abgelehnten Politik der vergangenen Jahre, dann soll mit dieser Feststellung zum Ausdruck gebracht werden, daß mit dieser Demokratie und der Politik der Rechten etwas Grundsätzliches nicht in Ordnung ist. Die Arbeitslosigkeit, speziell die Jugendarbeitslosigkeit wird in dieser Logik zu einem ursächlichen Faktor von Rechtsextremismus und für dessen Erstarken verantwortlich gemacht.

Im Juli 1968 erschien ein Heft der linken Theoriezeitschrift *Das Argument*, das unter dem Titel »Faschismus und Kapitalismus« offensichtlich Anklang fand, denn es erlebte mehrere Auflagen. Im Editorial wird erläutert, warum »die Diskussion um die ökonomische Basis des Faschismus von vordringlichem Interesse« sei: Die Beiträge brächten »eine Menge aussagekräftiger historischer Belege für personelle und interessenmäßige Verknüpfungen in der Machtelite und für die Macht- und Marktprobleme des oligopolistischen Kapitalismus, die seine Repräsentanten den Faschismus einer bürgerlichen Scheindemokratie [sic!] [. . .] vorziehen ließen.«

Der erste Beitrag stammt aus der Feder von Eberhard Czichon, Berlin/DDR: »Der Nationalsozialismus, der mit seinen extrem terroristischen Herrschaftsmethoden und seiner militanten Aggression die Klassenwidersprüche rapide verschärfte, versuchte durch eine Eskalation der selbstzerstörerischen Tendenzen die unabwendbaren Folgen des Klassenwiderspruchs aufzufangen. [. . .] Dabei war es nicht ausgeschlossen, daß sich einzelne Maßnahmen sogar gegen Gruppeninteressen der herrschenden Klasse selbst richteten. Diese Irrationalität ist durch die kapitalistische Eigentums- und Gesellschaftsstruktur bedingt, im Nationalsozialismus liegt lediglich ihre Übersteigerung und extreme Zuspitzung begründet.«[7] Mit anderen Worten: In gewisser Hinsicht ist der Faschismus bloß eine übersteigerte und extrem zugespitzte Form der kapitalistischen Eigentums- und Gesellschaftsstrukturen.

Ein weiterer Beitrag stammt von Dietrich Eichholtz und Kurt Gossweiler, ebenfalls Berlin/DDR: »Den reaktionärsten und aggressivsten Elementen des deutschen Finanzkapitals erschien es ausgangs der Weltwirtschafskrise im Interesse ihrer weitgespannten imperialistischen Zielsetzung angeraten, ihre faschistische Herrschaft über das deutsche Volk zu errichten, das heißt, ihre Macht mit den Potenzen eines faschistischen Regimes zu verschmelzen.«[8] Der Erklärungsansatz ist eindimensional und voluntaristisch, weil er diesen Bruch in der Herrschaftsausübung auf einen Willensakt bestimmter industrieller Kreise zurückführt. Ein simpler Klassenreduktionismus führt die Errichtung faschistischer Herrschaft auf den »reaktionärsten« Teil einer Klasse zurück. Die Macht des Finanzkapitals wird maßlos überschätzt, damit es allein für die Errichtung der »faschistischen Diktatur« verantwortlich sein kann. Dem Problem des Machtantritts der Faschisten wird der Ansatz in keiner Weise gerecht.

Bündnispolitisch verfehlt war die Horkheimersche Aussage schon für die NS-Zeit, weil sie alle Hitlergegner, die nicht antikapitalistisch eingestellt waren, von vornherein aus dem antifaschistischen Bündnis ausschloß und so eine sektiererische Linie begründete. Für die Forschung war die Formel zu einseitig und allgemein, um verbindlich und heuristisch ergiebig sein zu können.

Querverbindungen und Mitverantwortung

Die These von den Querverbindungen zu rechten, bürgerlichen Parteien macht diese für die Erfolge der Rechtsextremisten (mit)verantwortlich und damit zumindest indirekt das kapitalistische System. Kurt Hirsch, jahrelang Geschäftsführer des *Presseausschuß Demokratische Initiative* (PDI) und mit Publikationen über Neonazismus hervorgetreten, versucht aufzuzeigen: »Die Schwierigkeiten der Unions-Parteien, sich von rechtsextremistischen Gruppierungen abzugrenzen, sind [. . .] keine neue Entwicklung.« Die Linie zieht er bis Weimar: »Das konservative Lager hat [. . .] immer zu ›Grenzüberschreitungen‹ geneigt. Dieses Fatum wiederholt sich seit den Tagen der Weimarer Republik und hatte damals schon einen verhängnisvollen Höhepunkt zu verzeichnen.«[9] Abgrenzungsschwierigkeiten sind ein »Fatum«, d. h. Schicksal des konservativen Lagers, und die Hilfestellung für die Machtübernahme durch die Nazis sei lediglich ein »Höhepunkt« dieses Problems gewesen. Einerseits verharmlost eine solche Betrachtungsweise die Mitverantwortung konservativer Parteien für den NS-Machtantritt, weil er sie auf Abgrenzungsprobleme reduziert. Andererseits schlägt sie den Sack, den Rechtsextremismus, und meint den Esel, die Rechte.

Dieselbe These der Mitverantwortung vertritt der SPD-Kanzlerkandidat Björn Engholm, wenn er am Wahlabend des 5. April 1992 behauptet, die CDU habe »Wasser auf die Mühlen« der Rechtsextremisten geleitet, oder der Journalist Leo A. Müller, der behauptet: »Der ausländerfeindliche, teilweise sogar rassistische Geist, wie er jetzt bei REPs, NPD und DVU fröhliche Urständ feiert, wurde längst durch eine Regierungspraxis gerechtfertigt, die Ausländer ausgrenzt und abschiebt, ›Fremde‹ zum nationalen Problem macht und Ausländer sprachlich in den Bereich der Naturkatastrophe ablegt: ›Asylantenflut‹ und ›Ausländerschwemme‹.« Die Regierung war folglich Auslöser des Aufstiegs rechtsextremer Parteien und ist für deren rassistisches Denken zur Verantwortung zu ziehen. Weiter heißt es: »Der Rechtsextremismus in der Bundesrepublik, das zeigt sich einmal mehr, ist nicht isoliert. Es existiert keine exakte Trennungslinie zum rechten Rand, die Übergänge sind fließend, und zahlreiche Verbindungen existieren über Sammlungsbewegungen, Denkzirkel, Komitees, Vereine und Publikationsorgane.«[10] Die Regierungsparteien sind ergo mitverantwortlich für den Erfolg der Rechtsextremisten oder sogar »allein verantwortlich«, wie Günter Verheugen behauptet[11]. Wenn sich die Trennungslinien verschieben, heißt das jedoch noch lange nicht, daß der Rechtsextremismus salon- oder koalitionsfähig wäre. Die These der Querverbindung hat viel von einer Schuldzuweisung. Hinter dieser Annahme steht die Frage: Erstarkt der Rechtsextremismus aus eigener Kraft, weil er attraktive, überzeugende Visionen anzubieten hätte oder weil die anderen seine Spielregeln akzeptieren, mitspielen und sich so »schuldig« machen?

Die These wird ebenfalls in umgekehrter Stoßrichtung vertreten: »Rechtsradikalismus als Folge des politischen Verfalls der Sozialdemokratie« heißt es in dieser Logik[12]. Diese Behauptung einer Mitverantwortung von Sozialdemokraten oder Sozialisten, speziell der französischen Regierung, für den Aufstieg des

Rechtsextremismus, in diesem Fall des Front National, ist weit verbreitet. Die Pariser Abendzeitung *Le Monde* versucht als Retourkutsche die Verantwortung des bürgerlichen Lagers aufzuzeigen: Eine Umfrage von *Le Monde* im Jahr 1991 ergab, daß eine(r) von drei Französinnen und Franzosen mit Le Pen einverstanden ist, während einige Jahre zuvor nur einer von vier oder einer von fünf zustimmte. Sogar beachtliche 38 Prozent der Befragten billigten die rechtsextremen Stellungnahmen zum Thema Immigration. Der *Le-Monde*-Kommentar führte die Hausse auf Äußerungen des ehemaligen Staatspräsidenten Valéry Giscard d'Estaing zurück, der von einer »Invasion« sprach und das Einbürgerungsrecht (»droit du sol«) in Frage stellte, sowie des Pariser Bürgermeisters Jacques Chirac, der eine Lärm- und Geruchsbelästigung beklagte. Sie hätten die »Schleusen geöffnet«, Le Pen ideologisch entlastet und ihm einen Freibrief ausgestellt. Allerdings denken zwei Drittel der Franzosen, Le Pen sei eine Gefahr für die Demokratie, und drei Viertel wünschen ihm keinen Ministerposten[13]. Diese Stellungnahme könnte als Absicherung gedeutet werden; die Botschaft lautet dann: Die Themen, die Le Pen aufgreift, seien wichtig, aber seine Lösungsvorschläge überzeugten nicht, ihre Umsetzung sei vielmehr gefährlich. Im übrigen gilt: Wenn rechte Politiker Themen in rechtsextremer Manier aufgreifen, bringt diese Übernahme selten Stimmengewinne, weil die Wähler das Original einer Kopie vorziehen.

Die antikapitalistische Argumentation ist facettenreich. Hajo Funke bringt einen »dritten Weg sozialer und ökologischer Demokratie«, was immer dies heißen mag, ins Spiel: »Vor allem aber bedarf es einer Wende in der Arbeitsmarkt-, Wohn- und Sozialpolitik.« Immerhin hält er es für »fahrlässig, die (jugendlichen) Wähler der ›Republikaner‹ als Neonazis abzutun«, es handle »sich vielmehr zum Teil um eine verzweifelte Protestentscheidung gegen eine politische Klasse«[14]. Es ist nicht von Protest gegen »etablierte Parteien« die Rede, sondern von einer »Klasse«, die für ein bestimmtes politisches System steht.

Gerhard Paul plädiert zwar nicht für einen dritten Weg, aber für die Entwicklung »grün-alternativer ›Milieus‹«: Darin sieht er »langfristig Chancen, einer weiteren Rechtsentwicklung Einhalt zu gebieten«. Ob dies so gilt, sei dahingestellt. Zu Recht kritisiert er: »In den Medien, aber auch in der Linken, glaubt man, die ›Republikaner‹ lächerlich zu machen und ihre Wähler als arme Idioten diffamieren zu müssen.« Diesem kontraproduktiven Vorgehen stellt er entgegen: »Motivforschung ist angesagt, nicht voreilige Diskriminierung der Wähler. [...] Plädieren möchte ich für eine Kultur des Dialogs, in den auch die Bürger am rechten Rand der Gesellschaft einzubeziehen wären, und für eine Kultur des Dissens, die die Herausforderung von rechts aushält, sich mit ihr auseinandersetzt und nicht vorschnell nach Verbot oder oberflächlichem Konsens strebt.«[15] Die Kritik trifft ins Schwarze, wenn auch die vorgeschlagene Gegenstrategie, also die Entwicklung »grüner Milieus«, verschwommen bleibt.

Kapitalistische Normalität oder Pathologie?

Den Begriff »normale Pathologie« für Rechtsextremismus prägten 1967 Erwin K. Scheuch und Hans-Dieter Klingelmann[16]. Claus Leggewie deutschte ihn ein zu einem »normalen Leiden«[17]. Gegen die Vertreter einer »Normalisierungsthese« wenden viele Linke – z. B. Klaus Dörre – ein, daß »eine etablierte rechtsextreme Partei in der BRD etwas anderes als in Italien oder Frankreich«, jedenfalls keineswegs etwas Normales sei[18]. Richard Stöss zufolge handelt es sich bei der Normalisierungsthese gar »um ein gängiges konservatives Argument, das von den spezifischen Versäumnissen bundesdeutscher Politik ablenkt und letztendlich auf die Verharmlosung der Republikaner zielt«[19].

Die Normalisierungsthese basiert zunächst auf dem Vergleich mit anderen hochentwickelten Industrieländern. Ihre Verfechter konstatieren, daß in parlamentarisch verfaßten Industriegesellschaften westlichen Zuschnitts die Existenz rechtsextremer Parteien »normal« sei, was keinerlei Wertung enthält, ob dies gut und wünschenswert sei oder nicht. Die linken Kritiker dieser These setzen Vergleich und Verharmlosung in eins und präjudizieren so das Forschungsresultat. Die Annahme, komparative Forschung, die sich in der Tat den politisch-historischen Kontext stets zu vergegenwärtigen hat, könne nur in die Feststellung eines Überall und Jederzeit von Auschwitz und damit in bloße Beliebigkeit und Relativierung münden, ist jedoch unbegründet. Die bloße Behauptung einer Unvergleichbarkeit, also der Singularität überzeugt keinen: Es müssen Beweise beigebracht werden. Wenn viele Linke nur die Alternative »Einzigartigkeit oder Vergleichbarkeit«[20] sehen, verkennen sie die historische Singularität als Resultat des Vergleichs und lassen allein die Möglichkeit von Normalisierung und Relativierung zu.

Die Versicherung, die bundesdeutschen Verhältnisse seien anders, reicht nicht; ebensowenig die Behauptung, »gerade die Etablierung einer rechtsextremen Partei« könnte das »Ende des deutschen Sonderwegs« verhindern (Klaus Dörre). Der Angelpunkt der Argumentation gegen komparatives Vorgehen liegt im Verweis auf die besondere deutsche Vergangenheit, auf die Gefahr eines bundesdeutschen Revanchismus, der die Grenzen von 1937 wiederhergestellt wissen möchte: Solange die politische »Mitte« diesen Wünschen nicht abschwöre, könne es kein Ende des deutschen Sonderwegs geben. Das Auftauchen expansionistischer, revanchistischer Forderungen läßt sich nicht endgültig verhindern, und augenblicklich gibt es keine gesellschaftlich relevanten Kräfte, die ein Großdeutschland einfordern. Überdies ist die Gefahr eines deutschen Sonderwegs mit dem Verschwinden von Rechtsextremismus keineswegs beseitigt.

Anmerkungen zum Rassismusvorwurf

Im folgenden Teil wird eine verbreitete linke Umgangsform mit Rassismus exemplarisch betrachtet. Der kritisierte *konkret*-Beitrag steht für viele andere dualistische Aufteilungen in Opfer einerseits, Täter andererseits. Nicht eine einzige Bekämpfungsstrategie und ein Erklärungsmuster kommen zum Einsatz, vielmehr überlagern sich mehrere: die antikapitalistische, die aufklärerische sowie die sozialpädagogisch-psychologische Stoßrichtung. Einerseits wird eine Ausgrenzung vermeintlicher Nazis betrieben, andererseits werden die Personen als zu therapierende Klienten angesprochen. Die Kritik an dieser Argumentation könnte daher genausogut in der Rubrik »Gegenaufklärung« oder »Antirassismus« abgehandelt werden.

In der Zeitschrift *konkret* erschien im Dezember 1991 ein Artikel, für den auf dem Titelblatt mit »Rassismus im ›Spiegel‹« geworben wurde. Der *Spiegel* hatte kurz zuvor einen Bericht »›Hier steigt eine Giftsuppe auf‹ – *Spiegel*-Redakteurin Ariane Barth über Konflikte mit Roma-Kindern im Hamburger Karolinenviertel« veröffentlicht[21]. Illusionslos schildert die Reporterin Zusammenstöße Einheimischer mit Sinti- und Roma-Gruppen. Sie berichtet vornehmlich über alltägliche Probleme des Zusammenlebens, ohne stets für die Sinti und Roma Partei zu ergreifen. Die Reportage steht damit in deutlichem Kontrast zum linken Standardprotest »gegen die unerhörte Behandlung der Roma« und deren »rassistische Sonderbehandlung«, dem unverzüglich das abstrakte Bekenntnis zu einer »konsequent antirassistischen und internationalistischen Orientierung« oder der Aufruf zu »breiten antirassistischen und internationalistischen Kampagnen« folgt (Originalton 1992)[22].

Der *konkret*-Autor Oliver Tolmein rechnet unter dem Titel »Die rassende Reporterin« mit dem *Spiegel*-Bericht ab. Der in diesem Zusammenhang erhobene Rassismusverdacht ist ein Vorwurf, der es verdient, belegt zu werden. In ebenso perfider wie billiger Anspielung auf Egon Erwin Kischs »Der rasende Reporter« wählt Tolmein seinen Titel. Er tritt in die Fußstapfen von Günter Wallraff; beim *Spiegel* wittert er gleiche Methoden wie bei der *Bild*-Zeitung.

Die Tolmeinsche Reportage ist eine Kritik wert, weil hier exemplarisch linke Mythen durchdekliniert und verteidigt werden. Das Ergebnis der dreiwöchigen Recherche ist zwar wortreich, aber gedankenarm. Es geht ganz gut los, weil ein Gesprächspartner der *Spiegel*-Redakteurin Ariane Barth schnell als verkappter Rechtsextremist und Rassist enttarnt ist, womit ein Mosaiksteinchen des linken Weltbildes wieder an seinen Platz gestellt wäre: Nur Rechtsextremisten und Rassisten können die Unverfrorenheit besitzen, Ausländern und dann noch Roma-Kindern so viel Schlechtigkeit nachzusagen wie diese »rassende Reporterin«.

So ganz reibungslos geht es nicht weiter, denn bereits die nächste Gesprächspartnerin ist nicht so leicht dingfest zu machen: Sie behauptet glatt, die *Spiegel*-Reporterin habe »auf ein Problem aufmerksam machen wollen«, und dies sei ihr gelungen. Da jedoch – nach Palmström-Logik – nicht sein kann, was nicht sein darf, greift Tolmein die ihm willkommene Einschätzung auf, daß Übergriffe gegen alte Menschen, sexuelle Belästigung von Frauen und Drogendelikte im Hamburger Karolinenviertel mit einer allgemeinen »Verrohung der Sitten« zusammenhingen, und fügt in deutlichem Kontrast dazu eine rührende Geschichte von »zwei kleinen Roma-Jungen« an, die, unverdorben von dieser »verrohten« Umwelt, beim Einkauf das Wechselgeld vergessen – so lieb und nett sind die nämlich, mal völlig »unrassistisch« betrachtet. Das Histörchen bietet zwar Balsam für verletzte linke Herzen, hat aber mit den Problemen des Stadtviertels nichts mehr zu tun. Wer bei solch das Gemüt bewegendem linken Kitsch noch keine verklärten Augen bekommen hat, erfährt nun, daß »alle« – nicht mehr und nicht weniger – über den *Spiegel*-Artikel »empört« sind und daß die »Karo-Ini« bereits Protestflugblätter verfaßt hat.

Zum Stichwort »Verrohung der Sitten« wäre anzumerken, daß Thomas Ebermann und Rainer Trampert, eingebaut in Tolmeins Beitrag, vorschlagen, den Anhängern einer kritisierten Position »eins in die Fresse« zu hauen. In *konkret* 11/91 hatten beide Autoren, die einst Mitglieder des »Kommunistischen Bundes« und zeitweilig Sprecher der Grünen waren, an der Position »offene Grenzen« festgehalten, mit dem moralisierenden Argument, es sei »eine Schweinerei«, Flüchtlingen zu »versagen«, sich in die Bundesrepublik »durchzuschlagen«. Zugleich hatten sie den Grünen, die diese absurde Position nicht mehr vertreten, namentlich Cohn-Bendit, »Rassenwahn« vorgeworfen. Argumente waren in dieser gefälligen Sprüchesammlung nicht zu entdecken, und vom Niveau her haben die beiden dasjenige geifernder rechtsextremer Postillen längst unterschritten.

Im Gegensatz zu Tolmein erkennt die »Karo-Ini« immerhin an, daß es »ziemliche Probleme im Viertel« gibt. Das A und O der Ini lautet: »Wie machen wir was dagegen, ohne daß das [. . .] rassistisch wird?« Die vorgeschlagene Lösung besticht durch ihre Simplizität: Sie reden miteinander. Dieser Dialog ist angeblich erfolgreich, denn sexuelle Übergriffe gibt »es seitdem nicht mehr«. Unterstützt wird das problemlösende Gespräch durch die Forderung nach einer Aufstockung der Sozialarbeiterstellen und nach Einrichtung eines betreuten Abenteuerspielplatzes. In diesem Sinn erkennt Tolmein die Notwendigkeit von »Selbsthilfe« an, wohl um die Kinder und Jugendlichen besser zu beschäftigen. Ob sie diese Spielwiese annehmen, bleibt dahingestellt.

Doch »grundlegend« könne die Verbesserung und Intensivierung der Sozialarbeit die Situation natürlich nicht verändern. Dürfen wir folgern, daß das kapitalistische System abgeschafft werden müßte, um Fremdenhaß zu beseitigen? Tolmein schweigt vielsagend. Da er ratlos scheint, erklärt er erst einmal, warum es zu Angriffen auf Frauen und zu Drogenhandel kommt: Die Roma leben nämlich »in völlig ungesicherten Verhältnissen«, »ohne Geld und ohne Chance auf Arbeit« und »haben nichts zu verlieren«. Will er damit suggerieren, daß sie – quasi als »Milieugeschädigte« – nicht anders können? So werden die tatsächlich existierenden Probleme in apologetischer, verständnisheischender Absicht verharmlost und vom Tisch gewischt, denn dieser Logik zufolge wäre es konsequent, gegen diese bemitleidenswerten Menschen, die Opfer der Verhältnisse sind, bloß nichts zu unternehmen, sondern Schwierigkeiten und Unbill zu ertragen. In paternalistischem Gestus nimmt Tolmein sich der vermeintlichen Opfer an. Sie sind in seiner Logik für ihr Tun nicht verantwortlich. Denn in seiner Welt gibt es eine fein säuberlich gezogene Trennlinie zwischen Tätern und Opfern. Allen Menschen auf der Opferseite läßt er seine alles verstehende, alles verzeihende Haltung angedeihen, den andern aber, die der Täterseite zugeordnet werden, versagt er sein Verständnis. Sie sind schließlich dazu auserkoren, das Feindbild abzugeben. Zweifel bei der Unterscheidung können gar nicht erst aufkommen, denn die ideologischen Scheuklappen eignen sich vorzüglich dazu, unerwünschte Realitäten auszublenden. Daß Opfer zugleich Täter sein können, kommt in seinem manichäischen Weltbild nicht vor.

Einige Leser könnten Zweifel an Tolmeins Darstellung haben, und so sucht und entdeckt er im Laufe seiner Recherche einige Polizisten, die die Situation beobachten. Diese eigentlich völlig belanglose Tatsache bietet ihm die Chance, die Polizei zum wesentlichen Problem hochzustilisieren, denn Polizei – so lautet eine linke Binsenwahrheit – ist ein repressiver Apparat. Darüber hinaus sei die zuständige Wache als »Prügelwache« verschrien. Zwar ist das Thema nun gänzlich verfehlt, aber die Feindbilder stimmen wieder.

Daß die *Spiegel*-Reporterin zu schreiben wagt, die Kinder hätten »schwarzbraune Haare und dunkle Augen«, gilt ihm als endgültiger Beweis ihres Rassismus, und zu guter Letzt wird sie persönlich als Journalistin attackiert, indem er andeutet, sie gehe mit »BILD«-Methoden vor. Tolmein ironisiert, der *Spiegel* habe seine »mutigste« Redakteurin an die Front geschickt. Er selbst trottet ihr hinterher, um – versteht sich – sie zu widerlegen und – Ideologiekritik gebietet es – um sie zu entlarven, nämlich als »Rassistin«. Peinlicherweise ist der *konkret*-Bericht nicht zu einer Widerlegung, sondern zu einer Bestätigung geworden – denn eine linke Zeitung wäre ohne den Anstoß vom *Spiegel* nie auf die Idee gekommen, das brenzlige Thema aufzugreifen. Davor hätten sie linke Denkbarrieren bewahrt.

Um eine überzeugende Begründung für den Rassismusvorwurf drückt sich der Autor erfolgreich. Ebensowenig hält er es für nötig, seinen Rassismusbegriff darzulegen. Andeutende Unterstellungen genügen ihm. Daraus kann gefolgert werden, daß es ihm vorrangig um die Aufrechterhaltung des Streits zwischen Ausländerfeinden/Rassisten und Ausländerfreunden/Antirassisten geht, nicht aber um die Sache. Die von ihm geführten Interviews und Beobachtungen dienen nur als illustrierendes, schmückendes Beiwerk seiner vorgefaßten Überzeugung. Er steckt so tief in seiner Anti-Ausländerfeindlichkeitsideologie, daß ein Blick auf die Realität nur getrübt und selektiv erfolgen kann. Der Mühe einer kritischen Aufarbeitung der Situation enthebt er sich.

Gerade zu einem Zeitpunkt, da die Linke sich in einer schwierigen Situation befindet, viele orientierungslos dastehen oder vielleicht sogar die Linke selbst vom Verschwinden bedroht ist[23], kann die Bekämpfung der »Ausländerfeindlichkeit« zum Hauptschauplatz geraten und die Aufrechterhaltung linker Mythen als Hauptaufgabe herhalten. Kein Thema ist derzeit geeigneter, um sein Links-Sein unter Beweis zu stellen, als die Ausländerfrage. Nicht zufällig ist sie zum Hauptbetätigungsfeld für eine Linke geworden, die den Zusammenbruch des realexistenten Sozialismus schwer verwinden kann angesichts des unverhohlenen Triumphs der vermeintlichen Sieger[24].

Die neu-alte Frontlinie bedeutet für einige Kampf gegen Ausländerfeindlichkeit und Rassismus. Die Gebote, gegen die nicht verstoßen werden darf, lauten: 1. Du sollst Ausländer lieben; 2. Du sollst dir kein (schlechtes) Bild von Ausländern machen. Die Begründung ist bekannt: Ein negatives Bild machen sich bekanntlich die Volksfreunde von Rechtsaußen. Eine Reihe von Redakteuren rechtsextremer Gazetten ist ausreichend damit beschäftigt, ihr Weltbild vom guten, bedrohten Deutschen und vom bösen, verschlagenen Ausländer zu bestätigen. Sie sammeln alles, was diese These bestätigt, insbesondere solche Vorkommnisse, die sich als Ausländerkriminalität verkaufen lassen. Ob es sich nun um Diebstahl oder eine Schlägerei handelt – wenn nur ein einziger Ausländer dabei ist, gehört er ins Blatt. Das Thema ist Dauerbrenner im gesamten rechtsextremen Lager, und für einige Linke besteht die Antwort in einer Umkehrung des Bildes, einer Glorifizierung von Ausländern.

Wenn sich versehentlich ein Linker die Finger schmutzig macht und eine solche rechte Hetzpostille betrachtet, stößt er mühelos auf die entsprechenden Kolumnen. Da er gelernt hat, nie gemeinsame Sache mit dem Gegner zu machen, ergibt sich entweder der Glaubenssatz, daß Ausländerkriminalität ein rechtsextremes Thema ist, oder aber die Angelegenheit wird verharmlost. So erklärte Bernt Engelmann kontrafaktisch in einer Talkshow[35], daß die Kriminalitätsrate von Ausländern geringer sei als die der Deutschen. Jegliche Kritik an Ausländern ist ein Sakrileg, da müssen wohl oder übel schon mal unliebsame Tatsachen (im Dienst der Sache) frisiert werden.

Die Emotionen, die sich an diesem Streit aufheizen, ähneln denen, die einst bei der Auseinandersetzung um die Richtigkeit sozialistischer Strategien am Werk waren, – mit dem Unterschied, daß diesmal ein Zusammenspiel und eine heimliche Komplizenschaft der angeblichen Kontrahenten (Ausländerfeinde contra Ausländerfreunde; Rassisten contra Antirassisten) feststellbar ist, während damals der Streit im eigenen Lager stattfand. Analoge Denkstrukturen sind in beiden Lagern vorzufinden, allerdings mit umgekehrtem Vorzeichen. Auf die Allegorie vom überfüllten Boot reagieren Linke mit dem gegenteiligen Credo, es sei noch Platz im Boot. Es gilt, endlich aus diesem komplizenhaften Einverständnis auszuscheren.

Wer immer das Thema Ausländerfeindlichkeit kritisch differenziert angeht, muß mit dem Rassismusvorwurf rechnen, der in seiner inflationären wie pauschalisierenden Verwendbarkeit den Faschismusverdacht verdrängt hat. Wer als erster den Vorwurf erhebt, hat sogleich einen solchen Punktevorteil, daß der Vorsprung kaum wettzumachen ist. Der Punktegewinn ist so enorm, weil das schlechte Gewissen der Deutschen, das aus der NS-Zeit erwuchs, ein Herangehen an die Problematik auf vielfältige Weise erschwert. Bedachtsamkeit ist durchaus am Platz, nicht aber eine Instrumentalisierung dieses schlechten Gewissens oder eine Tabuisierung der Thematik.

Die *Spiegel*-Reporterin hat eindeutig gegen das Gebot der Xenophilie und das Ikonographieverbot, das eine gewisse Linke aufstellt, verstoßen. Die prompte und definitive Verurteilung der »Missetäterin« bildete also keine Überraschung. Gebrandmarkt als Rassistin, wurde sie aus der Gemeinschaft der wohlmeinenden Deutschen mit ihrem penetrant guten Gewissen ausgestoßen und kam ins *konkret*sche Fegefeuer, das der eigentlichen Hölle nur vorausgeht. Der Verstoß durfte nicht ungeahndet durchgehen, vielmehr war ein Exempel zu statuieren, ehe andere zu ähnlich verwerflichem Tun schreiten. Tolmein erklärte die Reporterin – mittels zwischengeschalteter Leserbriefe – zur Anstachlerin »rassistischen Hasses«, die Öl ins Feuer der

Rechtsextremisten gießt. Doch realiter gilt das Gegenteil: Das Ignorieren und schönfärberische Wegschieben der Probleme überlaßt den Rechtsextremisten das Feld, zudem freiwillig und kampflos. Linke Schönredner gebärden sich als die kämpferischsten Gegner der Rechtsextremisten, aber tatsächlich kommt ihre Haltung einer Kapitulation gleich.

Leider erscheint die Frage, ob etwas wahr ist, den Kontrahenten in diesem Streit weniger wichtig als die Frage, in wessen Gesellschaft eine Aussage bringt. Die Thematik ist zum Testfall, zum Prüfstein für die richtige Gesinnung avanciert. Dabei soll die klare Scheidung von Guten und Bösen aufrechterhalten werden: hie Opfer, da Täter. Statt die xenophile Denkfaulheit aufzukündigen und Denkblockaden aufzubrechen, wird die Lagermentalität – xenophile contra xenophobe Seite – bestärkt. Daß es sich um zwei Seiten einer Medaille handelt, wird nicht erkannt. Auch Antirassismus kann zum Weiterbestehen des Rassegedankens beitragen.

Die Grundkoordinaten von Immigration und Integration sind neu zu durchdenken. Es können nicht unbegrenzt viele Immigranten aufgenommen werden, so wie es die Parole »offene Grenzen« suggeriert, ohne in Kauf zu nehmen, daß sich die Folgeprobleme im eigenen Land zuspitzen. Die Schwierigkeiten und Belastungen, die der unbegrenzte Zuzug von Flüchtlingen für die Einheimischen bringt, müssen berücksichtigt werden. Linksradikale wie Ebermann und Trampert wischen solche Einwände leichtfertig vom Tisch. Wenn beispielsweise Einheimische über Lärm klagen, wollen sie nur Neid von Spießern über die Lebensfreude von Ausländern sehen. Sie überlassen die Bürger mit ihren existentiellen Problemen und Alltagssorgen den Rechtsextremisten. Konflikte und Probleme schieben sie beiseite und sehen (wie auch Tolmein) nur rosige Idyllen. Gerade diejenigen, die selber keine Zukunft haben, arbeits- oder obdachlos sind, kommen leicht zu dem Kurzschlußgedanken, es liege an den Ausländern, wenn sie keine Wohnung oder Arbeit finden. Dieser Überzeugung kann und muß etwas entgegengesetzt werden. Den Protagonisten xenophiler Strategien geht es aber mehr um das öffentlichkeitswirksame In-Szene-Setzen aufrechter linker Gesinnung als um eine effiziente Bekämpfung rechtsextremer Bestrebungen. Analyse, Reflexion und Bedachtsamkeit sind vonnöten. Blinder Aktionismus kuriert bestenfalls die Symptome, ohne jedoch zu den Ursachen vorzudringen. Gewisse Linke ziehen es vor, den Gegenstand der Auseinandersetzung zu verklären und damit zu bagatellisieren. So arbeiten sie ungewollt den Rechtsextremisten in die Hände. Läßt sich diese Komplizenschaft noch heimlich nennen?

Die Antirassismus-Strategie

Zu Vertretern der Antirassismus-Strategie rechne ich alle, die Rassismus und Xenophobie als Kernelemente des Rechtsextremismus betrachten, die es vorrangig zu bekämpfen gelte[1]. Die Ausländerthematik ist das Zugpferd rechtsextremer Parteien; Rassismus ist der Aspekt, auf den die Mehrzahl der Rechtsextremismus-Erklärungen Bezug nimmt. Ein Zusammenhang zwischen Rechtsextremismus und Rassismus besteht zweifellos, aber wie ist er zu bestimmen?

Der Bremer Politikwissenschaftler Christoph Butterwegge sieht einen monokausalen Zusammenhang[2]: »Der Rassismus entscheidet heute über den Erfolg bzw. das Scheitern des Rechtsextremismus. [. . .] Rassismus fungiert nicht nur als Expansions- und Legitimationsideologie, als Mittel der Herrschaftssicherung und Manipulation, sondern auch als Instrument zur Konsensproduktion, als Konzeption nationaler Identifikation und sozialer Integration durch Ausgrenzung anderer.«

Rassismus wird somit zum Kreuzungspunkt aller möglichen Übel, eine moderne Pandorabüchse der Herrschenden, die sie beliebig zur Manipulation oder Legitimation einsetzen können, beinah ein Allzweckmittel der Herrschaftssicherung. Genauso simpel wie diese Erklärung ist die vorgeschlagene Abhilfe, die diese bösen Geister vertreiben soll: »Ausländer/innen müssen mehr Rechte bekommen, gewissermaßen ›eingebürgert‹ werden und mitbestimmen können.« Denn das »wirksamste Mittel, um dem Rechtsextremismus zu begegnen, ist die Demokratie«. Kann Demokratisierung in den Bereichen, wo Dezision gefragt ist, wirklich das Allheilmittel sein? Auch in Ländern, in denen Ausländer die Zivilbürgerrechte erkämpft haben, also »eingebürgert« sind, gibt es Rassismen. Dennoch pflichtet Horst Isola, Mitglied der Bremer Bürgerschaft und Vorsitzender der dortigen SPD-Landesorganisation, dieser Strategie bei: »Wenn es gelingt, in der Familie, Schule und Gesellschaft, vor allem in den Betrieben, Demokratie unmittelbar erfahrbar zu machen, ist das Gespenst des Faschismus endgültig [!] besiegt.«[3]

Das Denken verbleibt in der Formel, Demokratie und Rechtsextremismus bzw. Faschismus seien wie Feuer und Wasser, d. h. schließen einander aus. Daß eine demokratische Republik Andersdenkenden eine Heimstatt bietet und damit auch Rechtsextremisten, das haben die Autoren (durch Verengung ihrer Demokratiedefinition) verdrängt. Ob der spektakuläre Aufstieg der französischen Nationalen Front (oder deutscher rechtsextremer Parteien) auf einen Anstieg des Rassismus zurückgeführt werden kann, ist fraglich. Dieser Aspekt wird ein Faktor unter anderen sein, aber ist er ausschlaggebend? Rassismus mag – mit dem französischen Philosophen Lucien Sève zu sprechen – »grundlegend« sein und zu den Rahmenbedingungen gehören, die Rechtsextremismus begünstigen, aber entscheidet er über Erfolg oder Nichterfolg?

Die Betonung von Rassismus in vielen linken Ansätzen ist nicht zuletzt eine Reaktion auf eine Richtung innerhalb der marxistischen Faschismusforschung, die Auschwitz mit »Verwertungsschwierigkeiten des Kapitals« erklärte und damit wegrationalisierte[4]. Die prokapitalistische Funktion des Faschismus wurde höher bewertet als die Rassenpolitik und der Antisemitismus. Die Neue Linke betrieb eine Umkehrung der Prioritäten und wertete den Rassismus zum Kernelement von Rechtsextremismus auf.

Eine Reihe von Antirassismus-Initiativen hat das historisch-antifaschistische Bekämpfungsprogramm (alternative Stadtrundfahrt zu Gedenkstätten etc.) um Projekttage an Schulen[5] und um Rundgänge erweitert: »Wir wollen die Wohn- und Lebensbedingungen von asylsuchenden Flüchtlingen kennenlernen« – so ein Beitrag des Asylzentrums Tübingen zu einer »Internationalen Woche '92 – was tun gegen Rassismus?!« Hinter diesem Programm steht die Auffassung: Wer Aufklärung über die Lebensbedingungen der Ausländer erfährt, wird sich für diese einsetzen. Da sich aber hauptsächlich solche Menschen, die ohnehin davon überzeugt sind, daß für die Ausländer etwas getan werden müsse, angesprochen fühlen, stellt sich die Frage, ob auf diese Weise Rechtsextremismus bekämpfbar ist, erst gar nicht. Antirassismus dient in dieser Logik dazu, die Ausgrenzer (»Deutschland den Deutschen!«) nicht nur abzulehnen, sondern sie auszugrenzen.

Die Berliner Ausländerbeauftragte Barbara John (CDU) hat eine Broschüre »Miteinander leben in Berlin« herausgegeben, die vorgibt, Vorurteile zu bekämpfen, in Wirklichkeit jedoch solche verbreitet: Gleich auf der Titelseite erklärt ein beschränkter Deutscher mit Brett vor dem Kopf, daß er nichts gegen Ausländer habe, »aber ...«. Dieser Trottel taucht auf fast jeder Seite wieder auf neben Fremden, die hilfsbereit, gastfreundlich sind und auf gute Nachbarschaft anstoßen wollen, aber auf deutsche Ablehnung stoßen. Häßliche deutsche Unmenschen, die die ausländischen Segnungen einfach nicht annehmen wollen, zieren die Texte.

»Appellative Ausländerfreundlichkeit«[6], auch in Form von Pro-Ausländer-Kampagnen wie der Plakataktion »Ich bin ein Ausländer«, bildet die Kehrseite von Inländerfeindlichkeit. Eine Aussage wie »Ich habe nichts gegen Ausländer, aber ...« gilt gemäß dieser Logik schon als rassistisch. Diese Auffassung vertritt auch Teun A. van Dijk in einer Publikation des »Duisburger Instituts für Sprach- und Sozialforschung« (DISS) über »Rassismus heute: Der Diskurs der Elite und seine Funktion für die Reproduktion des Rassismus«: Die Wendung »Wir sind keine Rassisten, aber ...« gilt ihm als Beweis für das Vorhandensein einer »komplexen Verleugnungsstrategie« von Rassismus, und zwar aus dem einfachen Grunde, daß Immigranten »mit Schwierigkeiten in Verbindung gebracht«[7] würden. Die Konsequenz kann nur darin bestehen, Widerspruchselimination zu betreiben, die Probleme zu tabuisieren, also schönzufärben, durch Idealisierung die Konfliktpotentiale wegzuräumen und eine heile multikulturelle Welt zu propagieren.

Die Zeitgeist-Magazine schwimmen auf der gleichen ausländerfreundlichen Welle: *Tempo* mit der Aktion »Ausländer her« oder die Berliner Stadtzeitung *zitty,* die dazu aufforderte, »Farbe zu bekennen«, und zu diesem Zweck aufwendige, farbige Aufkleber mit dem Text »Nichts hören? Nichts sehen? Nichts sagen? ...gib dem HaSS keine Chance!!« zur Verfügung stellte. Im Editorial lautete die Begründung der Aktion: »Es ist höchste Zeit, Farbe zu bekennen. Deshalb die Aufkleber von zitty. [...] Deutschland den Bunten. Deutschland den Menschen. Es ist höchste Zeit, daß die ›Deutschland-den-Deutschen‹-Schreier eine deutliche, millionenfache Antwort bekommen.«[8] Eine wirkliche Auseinandersetzung mit Fremdenhaß findet nicht statt, aber die Fronten werden festgeklopft.

Als weiteres Beispiel sei Kölns Stadtillustrierte *StadtRevue*[9] herangezogen, die als provokativ gemeinte Selbstbezichtigung im Frühjahr 1992 den Titel »Alle Weißen sind Rassisten« wählt. Im Editorial ist neben dem Button »Ich mag unsere ausländischen Mitarbeiter« zu erfahren: »Wir lieben die Menschen anderer Hautfarbe und Gesichtsform.« Die »bekennenden Anti-Rassisten« steigen »vom hohen Roß herunter«, um nicht über den »Rassismus der anderen« zu berichten, sondern »über uns selbst, über unsere ›Szene‹« ... Daneben ist ein weiterer Button abgebildet: »Gemeinsam gegen Ausländerfeindlichkeit – Für Solidarität und Völkerverständigung«, dessen zweite Hälfte aus anderen Zusammenhängen bekannt ist.

Auf Demonstrationen gegen Rechtsextremismus wimmelt es

von xenophilen und pastoralen Aufklebern wie »Alle Menschen sind Ausländer – fast überall«, vertrieben u. a. von der Aktion Sühnezeichen/Friedensdienste, oder »Jeder ist Ausländer. Oder verreisen Sie nie?« Die »Zeitschrift für Kulturaustausch« leitete ihr Themenheft »Fremde in Deutschland« (1/1991) mit folgenden Worten ein: »Wir sind alle Ausländer ... fast überall!! Dieser Autoaufkleber wirbt für Toleranz« ... Die Initiatoren der xenophilen Kampagnen glauben offenbar fest daran, daß Bekenntnisse überzeugend wirken.

Die ehemalige Fraktionsvorsitzende der Berliner Alternativen Liste (AL), Heidi Bischoff-Pflanz, trat während der rot-grünen Regierungskoalition aus Fraktion und Partei aus und wurde 1990 Gründungsmitglied von SOS-Rassismus Berlin. Dort hat sie – mit anderen enttäuschten Linken – ein neues Betätigungsfeld gefunden. Der Feind ist der alte: Ein »brauner Faden« ziehe sich durch die Ausländergesetzgebung in Deutschland. Ein Zusammenhang zum Terror gegen Ausländer liege auf der Hand. Glücklicherweise hätten die Bürgerbewegungen am zentralen Runden Tisch »Leitlinien für eine demokratische Ausländerpolitik« entwickelt: »Hätten sich die Regierenden in Bonn auf sie eingelassen, wären uns die rassistischen Überfälle und die sie anheizende Asyldebatte erspart geblieben.« So einfach ist die Welt und so abenteuerlich die Gedankenakrobatik: Die Regierung ist schuld am Terror gegen Ausländer, weil sie sich nicht auf diese Leitlinien eingelassen hat. Was wäre, wenn sie sich darauf »eingelassen« hätte, was immer dies bedeuten mag, und der Terror uns dennoch nicht erspart geblieben wäre?

Ein »großes Netz von engagierten Gruppen« sei – so Bischoff-Pflanz – bereits aufgebaut, und »die Vision einer breiten Bürgerrechtsbewegung ist keine Utopie«. Daniel Cohn-Bendit und Thomas Schmid trafen den Nagel auf den Kopf, als sie eine solche »Ersatzvision« für eine »orientierungslos gewordene Linke«, die multikulturelle Gesellschaft als einen »modernen Garten

Eden harmonischer Vielfalt« verklärt und »– in einem Akt seitenverkehrter Fremdenfeindlichkeit – das ungeliebte Deutsche mit dem Fremden vertreiben« will, kritisierten[10]. Solche Warnungen scheinen ungehört zu verhallen, obwohl die Doppelköpfigkeit von Fremdenliebe/Deutschenhaß evident ist: Auf das Bekenntnis »Deutschland über alles« antworten viele Linke, die die besten Aussichten haben und zu wissen glauben, was gut für die Deutschen ist, mit der gegenteiligen Aussage. »Ausländer! Laßt uns mit den Deutschen nicht allein«, »Deutschland verrecke«, »Deutschland halt's Maul« war auf linken Demos und an der Berliner Mauer zu lesen. Jutta Ditfurth veröffentlichte im »Neuen Deutschland« einen Beitrag unter dem Titel »Deutschland zum Kotzen«[11]. Die xenophile Hierarchisierung ist das umgekehrte Spiegelbild der xenophoben Hierarchisierung.

Der linke Schriftsteller und Publizist Michael Schneider weist auf einen Grund für diesen Selbsthaß hin: »Die deutsche Teilung, die die ehemaligen Kriegsteilnehmer als bleibende Demütigung empfanden, wurde von ihren Kindern als Ergebnis des Zweiten Weltkrieges akzeptiert bzw. als gerechte Strafe für die Verbrechen der Deutschen in der NS-Zeit empfunden.« Diese Linken hätten sich in einem »negativen Patriotismus« eingerichtet: »Lieber alles andere sein als ein Deutscher, geschweige denn ein ›Bundesbürger‹, hieß die Devise.« Die ältere Generation der Deutschen habe die Teilung »nicht so sehr als Folge« des Weltkrieges empfunden, sondern als »kollektive Bestrafung« für die Verbrechen der Vergangenheit. Sie wollte endlich die »Absolution«, die linken Gegner der deutschen Einheit hingegen wollten »den Zustand der Bestrafung eigentlich verlängern und die Deutschen ad infinitum in die Büßerrolle zwingen.« Aus dieser Situation ist auch die beliebte Verwendung des Rassismusbegriffs als Vorwurf zu erklären (analog zum Faschismusverdacht). Die Erfahrungen der jüngsten deutschen Geschichte, insbesondere das »Trauma Auschwitz« habe die Wahrnehmung neuer Realitäten getrübt: »Offenbar gibt es kein hartnäckigeres Relikt der deutschen Vergangenheit als den linken deutschen Selbsthaß [...] und den masochistischen Wunsch, für unsere unselige Vergangenheit, für Auschwitz, auch weiterhin bestraft zu werden.«[12] Einige Linke wollen stellvertretend für die uneinsichtigen Deutschen fortdauernd büßen, andere sich mit fremdenfreundlichem Gehabe von den »schlimmen Deutschen« abheben und bei Ausländern beliebt machen. Xenophilie und deutscher Selbsthaß erscheinen als zwei Seiten einer Medaille.

Diese Verbindung ist bei vielen Grünen anzutreffen. In ihren Darstellungen erscheint die Bundesrepublik und ihr Verhalten gegenüber Ausländern als abgrundtief schlecht, als rassistisch, diskriminierend, und im Gegenzug erscheinen die Ausländer als gut und nett, als exotische Farbtupfer im grauen deutschen Einerlei. In einer Broschüre der Grünen heißt es, die Fremden seien ein »positives Potential«, von ihnen gehe seit jeher »Faszination« aus, und im »Umgang mit dem Fremden« erweise sich erst »der demokratische Reifegrad einer Gesellschaft«[13]. Die Bekämpfung rechtsextremer Bestrebungen wird gerne zum Anlaß genommen, um diese Botschaften zu transportieren. Ein umfassender, unspezifischer Rassismusbegriff macht alle Katzen grau.

Die Ausländerfrage wird von vielen Linken instrumentalisiert, um das eigene Links-Sein unter Beweis zu stellen. In der *tageszeitung* wurde zum Thema Deutschenhaß die Frage aufgeworfen, ob »es die aus dem eigenen Vorhutbewußtsein gespeiste Inländerfeindlichkeit ist, die manche deutsche Antirassisten in erster Linie treibt. Die Ausländerfreundlichkeit, die so tapfer wirkt, ist bloß abgeleitete Funktion.«[14] Der Schriftsteller Peter Schneider stellte ähnliche Überlegungen an: »Wahrscheinlich geht es ja gar nicht um die Ausländer. Sondern darum, welche Inländer von sich behaupten dürfen, ihnen gehe es wirklich und wahrhaftig um die Sache der Ausländer.«[15] Diese paternalistische Haltung, diese herablassende Fürsorge ist fragwürdig.

Die Autoren des Buches »Krieg in den Städten«, Klaus Farin und Eberhard Seidel-Pielen, sprechen von »einseitiger Toleranz« und werfen der fortschrittlichen Pädagogik vor, mit einem »positiven Rassismus« zu arbeiten: Von deutschen Jugendlichen werde gefordert, die andersartigen Sitten und Gebräuche von Türken zu dulden, aber sich selbst diesen Vorschriften anzupassen, wenn sie eine Reise in die Türkei machen[16]. Peter Glotz kritisiert eine Haltung, die unter Linken, aber auch Kirchenvertretern weit verbreitet ist: »Die deutsche Linke besteht darauf, zu Ausländern vor allem barmherzig zu sein. Ein guter Linker denkt im Zusammenhang mit Ausländern nicht an seinen Vorgesetzten, sondern an die Notwendigkeit zu ›helfen‹, das heißt, Sozialhilfe zu zahlen.«[17] Es wäre an der Zeit, darüber nachzudenken, ob beispielsweise die großzügige Gewährung von Sozialhilfe nicht ein materieller Anreiz zur Einreise in die Bundesrepublik geworden ist. Aber viele Linke verlegen sich lieber auf die Forderung nach humanitärer und pekuniärer Hilfe.

Hajo Funke bemüht sich, in einer Schrift über »Nationalismus im geeinten Deutschland« die Wissenschaft für diese Konzepte in Dienst zu nehmen: Er wertet Umfragen aus, um »nationalistische Potentiale« und den »Resonanzboden für den Appell an nationalistische Gefühle« zu verorten[18]. Die von ihm zitierten Umfrageaussagen sind jedoch problematisch: So soll sich am Item »Wir sollten jeden Ausländer, der gern in unserem Land leben will, willkommen heißen« eine ethnozentristische Einstellung ablesen lassen. Wer der Aussage nicht zustimmt, ist Ethnozentrist, so als wäre es unzulässig und verwerflich, nicht »jeden« Ausländer willkommen zu heißen; selbst Einwanderungsquoten fallen somit unter das Verdikt des Ethnozentrismus.

Funke vermengt nationalistische, rassistische, ethnozentrische und ausländerfeindliche Einstellungen, was ihm nicht schwer fällt, weil er seine Begriffe nirgends klärt. Er fährt fort: »Eine ausdrücklich nationalistische Komponente erfährt die Ausländerfeindlichkeit der Untersuchten darin, daß [. . .] 42 % meinen: ›Ausländer sollten ihre Lebensart weitestgehend der deutschen Lebensart anpassen.‹« Diese Meinung ist also ausländerfeindlich, d. h. tabuisiert, keinesfalls legitim und diskutierenswert, sondern zu bekämpfen. Die Gedankenführung ist übrigens austauschbar, denn Funke könnte ebensogut schreiben: Eine ausdrücklich ausländerfeindliche Komponente erfährt der Nationalismus der Untersuchten . . . Auch unter Fußballfans ortet Funke vornehmlich »ethnozentrische Gewaltbereitschaft«. Unter DDR-Jugendlichen kann er »bis zu 40 % ethnozentrische Einstellungen« ausmachen. Daß sich die Gewalt ebenfalls »gegen ›Wessis‹« richtet und gegen die »Schwachen in der eigenen Gesellschaft«, irritiert ihn in keiner Weise.

Mühelos läßt sich so ein »allgemeines ausländerfeindliches Verhalten«, eine »ohnehin weitverbreitete Fremdenabwehr« konstruieren. Aus der Tatsache, daß Abweichung und Konfliktaustragung in der DDR unerwünscht waren, schließt Funke, daß das Fremde und Andere »ausgetrieben« waren. Ein nonchalanter Umgang mit Fakten paart sich mit fahrlässiger Gedankenführung; Probleme werden geleugnet. Bei Hajo Funke scheint ein Bedarf zu bestehen, ein festes »Weltbild« der Reps auszumachen – das wäre leichter zu kritisieren, und wir wüßten, woran wir sind: Geradezu verzweifelt bemüht er sich, Antisemitismus als Kernelement des rechtsextremen Weltbildes festzumachen[19]. Die Situation im vereinten Deutschland schildert er als bedrohlich und als besorgniserregenden Ausnahmefall, so als würde er die Geschichte der Immigration, der Fremden in der Fremde nicht kennen.

Die Argumentation von Funke ist kein Einzelfall. Christine Weiske, Sprecherin im Bundesvorstand der Grünen, behauptet, mit Quoten würde »von vornherein illegalisiert«, und sie seien als solche »ungerecht«[20]. In derselben Broschüre der Grünen zur Asyldebatte wird prophezeit, die Gültigkeit der Position »Offene

Grenzen« werde »uns alle vermutlich überleben«, und eine Diskussion um ein Einwanderungsgesetz als sinnlos abgelehnt. Ausführlich dürfen in dieser Broschüre die Vertreter dieser Position zu Wort kommen, und abrupt und unvermittelt folgt dann ein Beschluß des Länderrats der Grünen, der den alten Zopf abschneidet und ein Einwanderungsgesetz vorschlägt: »Kontraproduktiv und simplifizierend ist die Prämisse ›Offene Grenzen‹.« Eine Begründung fehlt, so als solle der Beschluß versteckt werden.

Mittlerweile hat die PDS die alten Zöpfe der Grünen übernommen: »Wenn wir uns zu offenen Grenzen bekennen, heißt das, daß jeder herkommen kann, der hier leben möchte«, erklärt das zuständige PDS-Vorstandsmitglied Tanju Tügel[21]. In dieser Logik liegt auch folgende von *konkret* hervorgehobene linksradikale Deutung: »Erst wenn sich erwiesen hat, daß die albanischen Flüchtlinge in Italien 1991 nur die Vorboten einer Unterminierung der Festung Europa gewesen sind, werden auch hier die Verhältnisse wieder zu tanzen beginnen.«[22] Daß die Rechtsextremisten solche Szenarios dankend zur Angstmache vor einem vermeintlich drohenden Chaos, einer durch Migration ausgelösten Katastrophe übernehmen und einsetzen, braucht nicht zu verwundern. Vor diesem Hintergrund erhält der undifferenzierte Dauerprotest gegen eine angeblich »unaufhörliche Verschärfung der staatlichen Flüchtlings- und Ausländerpolitik«[23] einen anderen Klang: Das Eintreten für Flüchtlinge, Ausländer und Asylbewerber ist als revolutionärer Kampf lesbar, also bloß ein Mittel zum (höheren) Zweck, und jedes Zurückweichen der Institutionen wäre einem Etappensieg vergleichbar. Die PDS zieht sich mit manchem enttäuschten Linksradikalen in die Gewißheiten des Katastrophismus zurück: Je schlimmer, desto besser, und: auf daß der Kapitalismus sein wahres Gesicht zeige! Daniel Cohn-Bendit weist einen anderen Weg, wenn er für eine Beendigung der Debatte um die europäische Asyl- und Einwanderungspolitik plädiert und schlicht feststellt: »Die CDU hat recht«, denn eine Änderung des Grundgesetzes sei im Rahmen der europäischen Einigung »ohnehin fällig«[24].

Über den Zusammenhang von Rechtsextremismus und der Ausländerfrage wird viel spekuliert. In Frankreich ist der Rechtsextremismus bereits seit längerer Zeit etabliert und die Forschung weiter gediehen als hierzulande. Bei globaler Betrachtung fällt auf, daß die Nationale Front stark in Immigrationsregionen ist. Einige Forscher (wie der Politologe Hervé Le Bras) haben eine Korrelation zwischen einem hohen Ausländeranteil und rechtsextremen Wählervotum festgestellt. Die Ergebnisse wurden von Kritikern verworfen, weil sie auf einem Fehlschluß beruhen. Er kommt dadurch zustande, daß auf zu hoher Aggregatstufe ein kausaler Zusammenhang hergestellt wird, der bei detaillierteren Untersuchungen auf niedriger wahlgeographischer Ebene verschwindet. Wer – so Claus Leggewie – »die simple Kausalkette aufzieht: hoher Ausländeranteil führt zu starkem Rechtsradikalismus, gibt sich den REPs schon geschlagen, die von dieser Art ›ökologischem Fehlschluß‹ profitieren«[25]. Es gibt keine statistische Korrelation zwischen dem Wahlergebnis und der Präsenz von Ausländern. Die Nationale Front erzielt ihre besten Ergebnisse nicht in Regionen, wo die meisten Ausländer leben, sondern in den Nachbargebieten. Anzeichen sprechen für einen möglichen indirekten Zusammenhang (sogenannter Halo-Effekt).

Hans-Georg Betz zählt Ausländerfeindlichkeit zu den Ursachen rechtsextremer Erfolge: »Gewichtiger noch als Politik- und Parteienverdrossenheit als Grund für den Erfolg rechtspopulistischer Parteien ist die wachsende Ausländerfeindlichkeit weiter Teile der westeuropäischen Bevölkerung.«[26] Aus der Tatsache, daß Wähler bei Umfragen angeben, das Ausländerproblem sei für ihre Wahlentscheidung ausschlaggebend, zieht er den unzulässigen Schluß, diese vorgebrachte Motivation sei die Hauptursache rechtsextremer Wahlerfolge.

Diese Erklärung nimmt er gleich wieder zurück, um sie in nebulöser Vagheit aufzulösen: »Der Aufstieg des organisierten, radikalen Rechtspopulismus läßt sich so weder mit wachsender Politikverdrossenheit noch durch steigende Ausländerfeindlichkeit erschöpfend [sic!] erklären. Er ist vor allem [sic!] auch [sic!] Ausdruck eines tiefgreifenden Wandels der sozialen, kulturellen und politischen Landschaft in den hochentwickelten Ländern Westeuropas, der während der vergangenen beiden Jahrzehnte unterschiedlich mit den Formeln der postindustriellen Gesellschaft, der postmodernen Wende, der Risikogesellschaft und dem Ende der Massenproduktion und der Arbeitsteilung in Worte gefaßt worden ist.« Zwar sind »erschöpfende« Erklärungen in der Tat selten, aber Rechtsextremismus »vor allem auch« als Ausdruck von Wandel, der – wie stets in der Wissenschaft, die Oberflächlichkeit zu meiden sucht – tiefgreifend ist: Das ist doch sehr dünn und zeugt mehr von Ratlosigkeit als von Erkenntnis, geschweige denn Erklärung.

Zwischen multikultureller Gesellschaft und völkischen Versuchungen

Die französische Organisation »SOS-Racisme« hat dem rechtsextremen Konzept von Nation zunächst ein multikulturelles Gesellschaftsmodell entgegengesetzt, bevor sie diese zu simple Alternative durch ein eigenes Konzept von Nation ergänzte. Auf diesem Terrain »nationaler Identität« hat die Nationale Front Vorsprung gewonnen, weil die Linke lange Zeit schwieg oder auf andere Terrains auswich, während neurechte Denkfabriken frühzeitig diese Themen bearbeitet hatten.

In Deutschland ist die Situation ähnlich, und daher warnen Klaus Farin und Eberhard Seidel-Pielen vor zu einfachen linken Rezepten: »Allzu häufig verflacht die Diskussion um die multikulturelle Gesellschaft zum Glaubensbekenntnis. Gebetsmühlenartig werden deren Vorzüge gepriesen, die facettenreichen Farbnuancen ausgemalt, die den ›tristen deutschen Alltag bereichern‹.« Dann kommen sie zum Kern der deutschen Multikulti-Debatte: »›Nicht die Ausländer sind das Problem, sondern die Deutschen‹ lautet das verbindende Credo der Multikulti-Gemeinde, standardmäßig auf jeder Solidaritätsveranstaltung zu hören.«[27]

Diese Auffassung, daß nicht die Ausländer, sondern die – rassistischen – Inländer das Problem bilden, gilt weithin als genuin linker Beitrag zur Debatte um Rassismus und Immigration. Bernd Ulrich arbeitet in der linken Zeitschrift *kommune* die Implikationen dieses Theorems heraus: Die zentrale These des Antirassismus laute, »es gebe überhaupt kein Ausländerproblem, nur ein Problem mit ausländerfeindlichen Inländern. [...] Auf die Kurzformel gebracht: Wer was gegen Ausländer hat, ist ein potentieller Faschist. Und das bedeutet entsprechend dem Imperativ, den Faschismus in Deutschland im Keim zu ersticken, er muß wie ein realer Faschist behandelt werden. Schon steht die Einheitsfront.«[28] Die sich subversiv gebende Strategie der Multikulturalisten entpuppt sich als eine simple Strategie der Verlagerung und der Verniedlichung des Ausländerproblems. Dabei werden die Positionen des Gegners häufig bloß mit einem anderen Vorzeichen versehen: Das xenophobe Lager malt genüßlich Schreckensszenarios aus, und das xenophile Lager verklärt und verschönt Ausländer.

Viele Linke setzen sich nicht wirklich mit Fremdenhaß auseinander, sondern beschränken sich auf die Denunziation der Ausländerfeinde. Sie amalgamieren Ausländerfeindlichkeit, Rassismus und Nationalismus – jeweils ohne nähere Bestimmung –, weisen dieses Konglomerat aus politischen Gründen en bloc zurück und bekämpfen es als rechtsextrem. Die Worthülse Ausländerfeindlichkeit ist vager als Rassismus; Nationalismus ist nicht identisch mit Fremdenhaß: Judenhaß ist beispielsweise viel älter als die modernen Nationalstaaten und als die Ideologie des Nationalismus.

Konflikte um Immigranten hat es stets gegeben, und Rassismus ist weder ein typisch deutsches Phänomen noch ein Relikt vergangener Zeiten oder gar ein Anzeichen von Faschismus. Mischehen waren und sind ein Katalysator der gesellschaftlichen Integration, aber sie werden zumeist von beiden beteiligten Gruppen, sowohl der Zuwanderergemeinschaft als auch den Einheimischen, abgelehnt. Der Integrationsprozeß der Einwanderer gelingt in der Regel erst mit der zweiten und dritten Generation. »Integration« – dieser Begriff war lange Zeit in fortschrittlichen Kreisen mit einem Tabu belegt – bedeutet nicht reibungslose Einfügung und Anpassung, sondern enthält stets einen konfliktuellen Aspekt: den Konflikt als Element der Vergesellschaftung. Die Arbeit hat bislang einen zentralen Platz bei der Integration eingenommen. Für die Jugendlichen der zweiten und dritten Generation ist die zentrale Vergesellschaftungsinstanz die Schule.

Zu den Konflikten gehörten stets Attacken auf Immigranten. Die angebliche Verbreitung von Geschlechtskrankheiten diente schon 1926 als Argument: Ärzte veröffentlichten im französischen »Bulletin der Akademie für Medizin« eine Untersuchung, worin sie behaupteten, Ausländer trügen ganz erheblich zur Verbreitung der Syphilis bei. Einwanderung und als Entgegnung Betonung der nationalen Identität heißt ein Thema, das sich europaweit aufdrängt und den »Sockel soziologischen Rechtsextremismus« ausmacht, wie Claus Leggewie ausführt: »Es geht um die Definition des ›Wir‹ gegenüber den ›Fremden‹.«[29] Zugleich geht es um die Stellung Deutschlands in der Welt.

Gegen xenophobe Einstellungen sind die Befürworter einer »multikulturellen Gesellschaft« angetreten. Deren grüner Flügel hat lange Zeit für »offene Grenzen« plädiert, bis im September

1991 der Länderrat der Grünen diese Position kippte und die PDS sie übernahm. Die uneingeschränkte Gewährung politischen Asyls sei eine moralische Verpflichtung für die Deutschen, die sich aus der NS-Zeit ergäbe – so argumentieren sie. Diese Begründung hat den kleinen, jedoch nicht unerheblichen Haken, die Tatsache zu verdrängen, daß die deutschen Exilanten keineswegs überall mit offenen Armen empfangen wurden. Strenge Einreisebestimmungen, die die Vorlage von Bürgschaftserklärungen verlangen, bilden den Stein des Anstoßes und liefern zugleich den Vorwand, sich davon zu distanzieren, um es besser zu machen, soll heißen: ohne Selektion und ohne finanzielle Voraussetzungen (Stichwort »materielle Grundsicherung«). Um dieses ausländerfreundliche Ziel durchzusetzen, schrecken einige nicht davor zurück, das schlechte Gewissen der Deutschen wegen der NS-Zeit zu instrumentalisieren.

Gerade Alt-68er operieren mit diesem Schuldgefühl, um es dem einstigen Kultobjekt Arbeiterklasse zu zeigen: Als sie 1968 ihre roten Flugblätter vor den Fabriktoren verteilten, wollten die Arbeiter von der studentischen Weisheit nichts wissen und zeigten sich uneinsichtig. Nun bekommen sie die verschmähte Liebesmüh zurück in Form unverhüllten Inländerhasses: Aus der einst angehimmelten Arbeiterklasse, dem »revolutionären Subjekt«, ist der »Pöbel«, der »Mob«, der »Stammtisch« geworden, reaktionär bis rechtsextrem und fremdenfeindlich. Dieser radikale Umschlag von einer Sichtweise in ihr Gegenteil hat mehrere Ursachen: Er rührt zunächst aus einem Sühnegedanken wegen der NS-Zeit; außerdem wird er aus einem Schuldgefühl gegenüber der Dritten Welt gespeist, die von der deutschen Industrie ausgebeutet und mit Waffen versorgt wird; schließlich spielt das enttäuschte Werben um die Zustimmung der Arbeiterklasse eine Rolle: Der missionarische Eifer ist in unverhohlenen Haß auf dieselbe Arbeiterschaft umgeschlagen. Diese komplexen Zusammenhänge gilt es bei Auseinandersetzungen um Fremdenhaß, Rechtsextremismus und die Einwanderungsfrage zu vergegenwärtigen.

Viele Alternative wollen aus der NS-Vergangenheit die Lehre gezogen wissen, politisches Asyl müsse jedem Asylbewerber ohne Wenn und Aber, d. h. ohne Schikanen und Hürden, die sich in der Tat fatal auswirken können, am besten ohne irgendwelche bürokratischen Hindernisse, gewährt werden. Angesichts der Dimensionen, die die Asylbewerberzahlen in jüngster Zeit angenommen haben, mehren sich die Stimmen, die ein Überdenken dieser Position fordern. Ein Einfügen der Asylproblematik in den Gesamtkomplex der Einwanderung erscheint unumgänglich.

Daniel Cohn-Bendit und Thomas Schmid plädieren für einen modern-republikanischen Umgang mit Immigrationsfragen[30]. In ihrer differenzierten Argumentation, die eine »multikulturelle Gesellschaft« als »Aufbewahrungsschrein säuberlich getrennter Kulturen« und folkloristischer Traditionen ablehnt, entfernen sie sich meilenweit von ihrer eigenen Anhängerschaft, die den kritisierten Vorstellungen eines harmonischen Miteinander weiter anhängt. Abschied von dem schillernden Begriff der »multikulturellen Gesellschaft« mögen sie indes nicht nehmen. Die unabdingbaren Befürworter des Harmoniezirkels »Multikulti« folgen der Verfeinerung des Konzepts, die liebgewordene Vorstellungen über Bord wirft, schon lange nicht mehr. Ihnen ist der vage Begriff, die Chiffre, das Erkennungszeichen wichtiger als Klarstellungen, die ihm den Inhalt geraubt haben. Gerade die überfällige Neuformulierung und Neufundierung des Konzepts, das auf universellen, republikanischen Werten basieren muß, hat mit einem kulturellen Vielerlei wenig zu tun.

Um solche Feinheiten kümmern sich die Vertreter der denkbar einfachen Diagnose nicht, die auf Rassismus oder Ausländerfeindlichkeit lautet und als Therapie Antirassismus mit appellativer Ausländerfreundlichkeit, z. B. Pro-Ausländer-Kampagnen, empfiehlt. Oftmals wird schlicht eine Änderung der Ausländerpolitik als Abhilfe vorgeschlagen. Wilhelm Heitmeyer kritisiert: Die »menschenüberfordernde Fremdenfreundlichkeit, die das Bild vom fehlerlosen Fremden transportiert«, widerspreche »jeglicher Alltagserfahrung«[31]. Oft wird an ein Mitgefühl appelliert, ein gefühlsduselig-harmoniebedürftiges Seid-nett-Zueinander propagiert, das Konflikte und reale Probleme des Zusammenlebens ausblendet.

Im Zusammenhang mit dem linken oder pastoralen Hinweis auf die miserable Situation, in der viele Ausländer leben, wird mit Vorliebe übersehen, daß in Deutschland nicht nur viele Ausländer, sondern auch viele Deutsche vom Wohlstandskuchen nur Krümel abbekommen: Hunderttausende von Obdachlosen; Millionen, die ihre Arbeit dauerhaft verloren haben; zahlreiche Menschen, die zu Objekten der Sozialfürsorge geworden sind; Bezieher kleiner Renten; der Bereich der »neuen Armut«. Wenn die Leitlinie sein soll, die Ausgeschlossenen (der Zwei-Drittel-Gesellschaft) zu integrieren, dann muß es um alle gehen und nicht nur einige, anders: Die Forderung muß verallgemeinerbar sein. Es zeugt von Einseitigkeit, mit Eifer alle möglichen Diskriminierungen allein bei Ausländern aufzuspüren.

Die Behandlung des Themas Ausländer ist von Geboten und Verboten umstellt. Ein Gebot lautet, umgehend einen Zusammenhang zu Fremdenfeindlichkeit herzustellen. So schreiben die promovierte Diplom-Volkswirtin Annita Kalpaka und Nora Räthzel vom Institut für Migrations- und Rassismusforschung: »Unserer Meinung nach ist das ›Ausländerproblem‹ nicht primär ein Problem der ›Ausländer‹, sondern im wesentlichen ein Problem der deutschen Gesellschaft, die unfähig ist, mit Minderheiten umzugehen.«[32] Das eigentliche Problem ist also – so das bereits erwähnte Credo – die Fremdenfeindlichkeit der Deutschen. Klaus F. Geiger hält den denkbar vagen »Hinweis auf die Allgegenwart des Rassismus« für »sinnvoll«[33]. Professor Werner Ruf schlägt in die gleiche Kerbe: »Den schleichenden Prozeß zunehmender ›Ausländerfeindlichkeit‹ (nennen wir es besser gleich Rassismus) zu unterschätzen, wäre falsch und gefährlich zugleich.«[34]

Die Vermutung, daß es den Kontrahenten eher um die Aufrechterhaltung des Streits der beiden Lager – »antirassistisch« contra »rassistisch« – geht und damit um die Aufrechterhaltung der Lagermentalität, bestätigt ein Blick in linke wie rechte Veröffentlichungen, wobei an dieser Stelle allein die linken interessieren. Die Politik der Bundesregierung wird – nicht nur von Hajo Funke[35] – als »ausländerfeindlich« abgetan, und zwar ohne jede Begründung. Daß der Begriff »Ausländerfeindlichkeit« einer Bestimmung bedarf, kommt den meisten Autoren nicht in den Sinn, vielmehr wird er als Kampfbegriff verwendet. Damit ist bereits das Hauptproblem angeschnitten, die ständige Vermengung von politischer und wissenschaftlicher Aussage. Die polemische Absicht ist unverkennbar.

»Ausländerfeindlichkeit« wurde in der Politik und auch in den Politikwissenschaften ein gutgehendes, fast ein Passepartout-Wort. Während viele das Wort »Asylant« wegen seiner Negativkonnotation meiden und lieber von Asylbewerbern oder Asylsuchenden sprechen, hat sich um »Ausländerfeindlichkeit« – und »AusländerInnenfeindlichkeit« – ein weitreichender Konsens gebildet. Die Verwendung kennt kaum noch Grenzen. Aus Angst davor, als »Ausländerfeind« eingestuft zu werden, wird ein kritisches Nachfragen unterlassen. Eine Denkblockade ist entstanden, ein neues Tabu aufgestellt, und zwar von linker Seite.

Das fragliche Wort, das zu schwammig und zu nebulös ist, um von großem Nutzen zu sein, ist typisch deutsch: In anderen Ländern ist an seiner Stelle von Xenophobie, also Fremdenfurcht, oder aber von Rassismus die Rede. Beide Begriffe sind trennschärfer, während das ebenso vage wie allumfassende »Ausländer-Feindlichkeit« mittlerweile die Stelle des Faschismusverdachts einnimmt und zum politischen Kampfbegriff avanciert ist.

Selbst Wissenschaftler benutzen das Wort, so als gäbe es eine plausible, überzeugende Theorie darüber oder eine umstrittene Definition. Beides ist nicht der Fall; es fehlen ein klarer analytischer Rahmen und präzise Differenzierungskategorien; Bezug und Implikationen des Begriffs bleiben meist ungeklärt. Der Begriffsinhalt ist denkbar undeutlich und eine wissenschaftliche Verwendung von einer polemischen kaum zu unterscheiden.

Das Spektrum von »Ausländerfeindlichkeit« ist breit: Für einige gilt bereits die bloße Äußerung von Kritik an Ausländern, an ausländischen Gewohnheiten, Gebräuchen, Sitten als unverhohlener Angriff, kurzum: als Manifestation von »Ausländerfeindlichkeit«. Selbst eine theoretische Begründung für diese Verwendungsweise wurde versucht: Der Begriff sei nur von den Betroffenen selbst inhaltlich zu füllen – so die verstiegene Behauptung der Privatdozentin für Kritische Psychologie an der Freien Universität Berlin, Ute Osterkamp[36]. Betroffenheitsrhetorik und linke Phraseologie werden als Analyseersatz vorgeschlagen. Die Beispiele ließen sich beliebig vermehren.

Das Problem, das die genannten Autoren aufgreifen, ist außerordentlich bedeutsam, und gerade aus diesem Grunde sind eine klare Begrifflichkeit und ein differenzierter Ansatz wichtig: Fremdenhaß kann, wie die Geschichte gezeigt hat, den Weg zum Faschismus ebnen. Aber eine Unterordnung der Wissenschaft unter politisches Kalkül läßt sich mit dem Argument, der Rechtsextremismus müsse bekämpft werden, nicht rechtfertigen. Der Verweis auf die Fehlerhaftigkeit des anderen Lagers kann die eigenen Unzulänglichkeiten weder legitimieren noch entschuldigen.

Neorassismus und »Multikulti«

Durch Begriffsverunklarungen und Stereotype wird die Problematik des Rechtsextremismus vernebelt. Einige Wissenschaftler wie Pierre-André Taguieff, der sich als Spezialist für (Neo-)Rassismus und Neue Rechte ausgewiesen hat, wählen einen anderen Zugang, um gegen den xenophoben Diskurs von Le Pen anzugehen. Taguieff zeigt die Inkonsistenz der rechtsextremen Argumentation auf und bricht mit der in den achtziger Jahren vorherrschenden Attitüde, Le Pen ausführlich zu Wort kommen zu lassen und zu einem Lapsus zu verführen, auf daß er sich selbst diskreditiere. Gegenüber einem oberflächlichen Journalismus stellt sein Ansatz einen Fortschritt dar, doch unterschätzt er die Macht der Emotionen.

Er unterzieht rechtsextreme Argumentationsmuster einer detaillierten Kritik: Das Ausmaß der Ausländerpräsenz in Frankreich, die dadurch entstehenden Kosten für die Sozialversicherung, die Kriminalitätsrate werden in ihre realen Proportionen gerückt[37]. Taguieff geht es darum, den Rechtsextremisten argumentativ zu widersprechen und Elemente zu einer Gegen-Meinung beizubringen. Er insistiert auf der Neuartigkeit des heutigen Rassismus, dessen »neue Kleider« daran zu erkennen seien, daß sie nicht mehr von der Bio-Logik, sondern kulturell geprägt sind. Anders ausgedrückt: Statt bei Rasse, Blut und Hautfarbe setzen die Neorassisten bei mentaler und kultureller Differenz, Sitten und Gebräuchen, Religion an.

Die Unterschiede zwischen der Alten und der Neuen Rechten in ihren Stellungnahmen zur Ausländerthematik sind beträchtlich. Der Alten Rechten geht es um die Aufrechterhaltung der Homogenität des eigenen Volks, die sie bedroht sieht und verteidigen möchte: Beispielsweise wandte sich das »Heidelberger Manifest vom 17. Juni 1981«, unterzeichnet von acht Hochschullehrern aus der Bundesrepublik, gegen »die Unterwanderung des deutschen Volkes durch Zuzug von vielen Millionen Ausländern und ihren Familien, die Überfremdung unserer Sprache, unserer Kultur und unseres Volkstums«[38]. Die Botschaft lautet: Das »Volk« müsse als reine Substanz von allem Heterogenen freigehalten werden. Das Manifest vertritt altes rechtsextremes Gedankengut und hat für breite Empörung in der linken und liberalen Öffentlichkeit gesorgt.

Anders argumentiert die Neue Rechte, und diese neurechte Wende ist nicht folgenlos geblieben. Da die Argumentationsmuster, die auf das »Volkstum« rekurrieren, historisch diskreditiert sind, soll der modernere Begriff »Identität« diese Stelle einnehmen. Diese Verschiebung hat Konsequenzen für die Linke: Die Faustregel, die Immigranten als Andersartige, aber Gleiche zu respektieren, hat an Trennschärfe eingebüßt, seit die französische Neue Rechte die Thematik aufgegriffen und sich als fanatische Befürworterin der Verschiedenheit hervorgetan hat. Die Anerkennung des Andersseins, das Recht auf Unterschiedlichkeit und Differenz, ist eine zwiespältige Angelegenheit geworden oder, mit Claus Leggewie zu sprechen: »Der moderne Rassist stellt sich ja schützend vor die ›bedrohten Völker‹, zu denen er – in aller Bescheidenheit – vor allem das eigene rechnet.«[39] So lautet eine Parole von Le Pen: »Nein zum antifranzösischen Rassismus«.

Die Verbindung von Multikulturalität mit dem Recht auf Verschiedenheit ist also problematisch geworden. Die Respektierung von geistigen, kulturellen, gesellschaftlichen Abweichungen kann über die Betonung der Besonderheiten (und vor allem: die Festlegung auf diese) zur strikten Trennung der Rassen und Kulturen, zur Segregation und letzten Endes zur Apartheid führen. Klaus F. Geiger propagiert eine »Pluralität von Kulturen als Wert« und schreibt: »Multikulturalität betont [. . .] die soziale Normalität von Unterschieden« und »differierenden Lebensweisen.« Damit redet er einer Beliebigkeit und Unverbindlichkeit des Nebeneinanders das Wort. Auch das »Recht auf die eigene Kultur«[40] fordert er ganz unbedarft.

Um nicht selber der babylonischen Begriffsverwirrung anheimzufallen, sind Abgrenzungen und Differenzierungen angebracht: Die Wahrnehmung und Feststellung von Andersartigkeit, von Fremdheit ist noch kein Rassismus. Rassismus im Sinne von rassisch begründeter Diskriminierung setzt erst ein, wenn die Gleichwertigkeit und Gleichrangigkeit der Menschen in Frage gestellt und aus natürlichen oder fixierten kulturellen Unterschieden eine soziale Rangordnung, eine begünstigte Sonderstellung, eine Vorrangstellung abgeleitet wird. Persönliche Vorlieben und Abneigungen, mit denen die Rechtsextremen gerne argumentieren[41], um die Problematik zu verwischen, bleiben davon unberührt. Erst wenn aus persönlichen Sympathien und Antipathien abgeleitet wird, daß bestimmte Menschen aus prinzipiellen Erwägungen heraus, die sich letztlich auf biologische Kriterien zurückführen lassen, bevorzugt einen Platz in den Betrieben, Universitäten, Verwaltungen, Schulen, Kindertagesstätten etc. erhalten und andere nicht, dann verwandeln sie sich in rassistische Anschauungen[42].

Fazit: Aversionen gegen Fremde müssen nicht Ursache von Rechtsextremismus sein, diese Aversionen und Rechtsextremismus sind auch nicht identisch. Kritik an Fremden ist nicht umstandslos unter Rassismus rubrizierbar. Es ist keinesfalls unstrittig, ob Rassismus ein Kernelement des Rechtsextremismus bildet. Es gibt keine Rassen, aber es gibt auch nicht, wie eine falsch verallgemeinernde Redeweise behauptet, den Rassismus, sondern Rassismen. Damit steht die Antirassismus-Strategie auf tönernen Füßen. Zudem weist sie eine Reihe von Implikationen auf, die das angestrebte Ziel, die Bekämpfung des Rechtsextremismus, unterminieren.

Die Antinationalismus-Strategie

Als Vertreter der Antinationalismus-Strategie fasse ich diejenigen, die Nationalismus als Kernelement und Triebfeder von Rechtsextremismus[1] betrachten und für eine vorrangige Bekämpfung von nationalistischen Ideologien und Bewegungen plädieren. Wegen des hohen Stellenwerts von Nationalismus für rechtsextreme Strömungen sowie in Erklärungen des Rechtsextremismus muß darauf eingegangen werden, um so mehr, als hier diverse Fäden der Vergangenheit zusammenlaufen.

Bei weit ausgreifenden Begriffen wie Nationalismus steht und fällt die ganze Argumentation mit der Begriffsbestimmung. Als Exempel für die Antinationalismus-Strategie dienen zunächst Ausführungen von Hajo Funke, der die »Republikaner« als »extrem nationalistische Bewegung« betrachtet, die »nationalistische, antisemitische und ausländerfeindliche Scheinantworten« biete[2]. Im allgemeinen wird unter Nationalismus eine übersteigerte, extreme Form nationalen Selbstbewußtseins verstanden – »extrem nationalistisch« ergäbe demnach keinen Sinn. Wie zahlreiche andere Autoren überspringt auch Funke bei seiner Definition von Nationalismus die logisch vorausgehende Etappe, nämlich eine Begriffsbestimmung von Nation und Nationalbewußtsein bzw. -gefühl. Da es solch legitime Begriffe für Funke – und er steht stellvertretend für viele andere – nicht gibt, erhält alles, was an Nation erinnert, eine eindeutige Negativkonnotation, beinahe etwas Anrüchiges. Als nationalen Vorstellungen wesenseigen erscheinen ihm Überlegenheits- und Bedrohungsgefühle sowie eine Feindvorstellung, obwohl diese Elemente – wie das französische Beispiel zeigt – keineswegs dazugehören müssen, sondern in die Rubrik Nationalismus gehören. Seine weite, überdehnte Definition erlaubt es Funke, eine »inhärente Tendenz zum aggressiven Nationalismus« in einem jeglichen Nationalgefühl festzustellen – quod erat demonstrandum. Dieser Zirkelschluß durchzieht die ganze Argumentation.

Die »Vorstellung einer völkischen Zugehörigkeit« wird als Wesenselement jedes Nationalgefühls postuliert, um es zu verwerfen. Keinesfalls muß Nationalbewußtsein oder -gefühl »völkisch« geprägt sein, wie das Beispiel anderer Länder zeigt. Eine moderne Begriffsbestimmung von Nation muß nicht auf den Begriff Volk zurückgreifen. Die Bestimmung von Identität ist allerdings zugleich Bestimmung von Nicht-Identität, und insofern gehört zur Eigendefinition stets die verpönte »Abgrenzung«[3]. Legitime Abgrenzung und problematische Ausgrenzung bzw. Diskriminierung setzt Funke in eins. In Befürwortern von Nation sieht er bloß die Ewiggestrigen, die es zu bekämpfen lohnt. Eine nationale Identität ohne Nationalismus vermag er nicht zu denken. In einer Broschüre der Grünen gegen die REPs versucht Helmut Kellershohn, Mitarbeiter beim »Duisburger Institut für Sprach- und Sozialforschung« (DISS), diesen einen »völkischen Nationalismus« nachzuweisen[4].

Eine Ursache für die verbreitete linke Abneigung gegenüber dem Begriff und der Tatsache der Nation liegt darin begründet, daß Nation als zutiefst konservativer und banaler Wert gilt. Auf der Werteskala von Intellektuellen rangiert Originalität weit oben: Es gilt als originell, sich gegen Banalitäten auszusprechen oder deren Tod zu verkünden. Zu diesen Trivialitäten gehört die Existenz von Nationen. Es gilt als mittelmäßig, Realitäten anzuerkennen, und dann noch ungeliebte. Doch gleichgültig, welches Werturteil über Nation gefällt wird, sie existiert in der Realität und ist nicht wegzudiskutieren.

Die Aufgabe der Sozialwissenschaften liegt darin, die sozialen Verhältnisse zu denaturalisieren, sie ihres natürlichen Anscheins zu entkleiden, d. h. sie zu historisieren und zu defatalisieren,

d. h. ihnen die Stiefel eherner Gesetzmäßigkeiten zu nehmen. Insofern wäre Nation nicht als etwas Gegebenes, Statisches zu nehmen, wie es Rechtsextremisten mit Vorliebe tun, sondern ihre Prozeßhaftigkeit aufzuzeigen.

Die vorherrschenden linken Argumentationsmuster zielen jedoch in eine andere Richtung: Der Begriff Nation wird mit rechten Inhalten verknüpft, damit es einfacher wird, ihn zu bekämpfen. Die Rede von Wiedervereinigung bezeichnet Funke als »nationalistische Rhetorik« – was wäre dann nationale? Über Helmut Kohl schreibt er bezeichnenderweise: »Nation, Patriotismus, Vaterland sind Stichworte seines Nationalismus«. Die bloßen Worte Nation und Heimat lösen bei Funke einen Abwehrreflex aus und gelten ihm als Ausdruck eines »ungetrübten Nationalismus«. Damit steht er nicht allein. Wolfgang Metz, Redakteur und damals politischer Landesgeschäftsführer und Pressesprecher der SPD Bayern, und Kurt Hirsch entdecken im »Programm der Programmlosen«: »Die angeblichen Republikaner setzen auf Volk, Vaterland und Heimat, wobei es vor allem um die Abgrenzung zu allem Nichtdeutschen geht.«[5]. Im *ZEITmagazin* wird der »fatale Begriff Heimat als Gegenbegriff zum Ausländer« eingeführt: »Dieser Würgeengel unter den Tümeleien, erneut im Schulterschluß mit engherzigem Nationalismus und blutrünstigem Fremdenhaß.«[6] Die ressentimentgeladene, eifernde Argumentation kümmert sich um keinerlei Logik und gehört eher in primitive Kampfblätter.

Manche Linke vermögen nicht nur keinen Unterschied zwischen einem »normalen« Nationalbewußtsein und einem problematischen Nationalismus zu erkennen, für sie ist Nationalismus schlichtweg der Zwillingsbruder des Faschismus. Die Zeitschrift *konkret* hält im Jahr 1990 die Frage »Was tun gegen einen neuen Faschismus«? für ein »zeitgemäßes« Thema[7]. Mit anderen Worten: Wer von Nation redet, darf bereits als potentieller Faschist gelten. Ein tiefgreifender Defätismus geht mit der teleologisch-fatalistischen Überzeugung, daß Nationalismus stets zum Faschismus führe, eine Verbindung ein.

Der Umgang mit dem Thema »deutsche Nation(alität)« ist heikel aufgrund der NS-Zeit. Doch ist dieser Verweis auf die Vergangenheit keine Entschuldigung dafür, daß im Kampf gegen Nationalismus jedes Argument recht ist. Robert Miles, Direktor eines Forschungszentrums über Rassismus und Migration an der Universität Glasgow, bastelt sich eine Definition zurecht, die alles andere als konsistent ist: »Die Ideologie des Nationalismus unterstellt [. . .] eine natürliche [sic!] Aufteilung der Weltbevölkerung in verschiedene Gruppen, die jeweils verschiedene kulturelle [sic!] Profile haben und deren Fähigkeiten, einen eigenen Nationalstaat auf einem bestimmten Territorium zu errichten, demzufolge auch verschieden sind.«[8] Die Begriffsbestimmung ist äußerlich konstruiert, stellt eine willkürliche Verknüpfung her, denn die Aufteilung ist keineswegs »natürlich« (oder gar biologisch) begründet, sondern historisch gewachsen. Nicht bloß »kulturelle Profile«, sondern Kultur im umfassenden Sinne sowie Sprache, Geschichte, Traditionen und andere Faktoren sind wirksam. Nationalstaaten existieren in der Tat in verschiedensten Ausformungen und Prägungen (beispielsweise mehr oder minder zentralistischen), aber keineswegs als Ausfluß irgendeiner Volkseigentümlichkeit, sondern aus historischen, gesellschaftlichen, ökonomischen, politischen, kulturellen, ideologischen Gründen.

Auch Claus Leggewie bezeichnet Nation als ein »hochartifizielles« Gebilde, wundert sich aber immerhin, daß »freiwillige Klassensolidarität oder republikanische Standards der Citizenship nie solches Vertrauen gefunden und soviel Verbindlichkeit geschaffen« haben. Seine Alternative: »Statt über das Verhängnis des Nationalen zu dozieren, wäre es aufregender, die ›demokratische Geschichte‹ zu erzählen: Diese Überlieferung handelt von einer nach außen offenen, der westlichen Demokratietradition verbundenen und nach innen liberalen Republik.«[9] Der Vorschlag klingt sehr gewollt und kann nicht überzeugen: Wie soll die Geschichte einer Republik erzählt werden, wenn es nicht vorrangig die eigene, also nationale Geschichte, die Geschichte der deutschen Republik ist? Soll eine kosmopolitische Deutung, die keinerlei emotionale Bedeutung hat, versucht werden, eine Geschichte der Weltrepublik? Offenbar kommt das durch die Tür hinausgeschobene Nationale durchs Fenster wieder herein.

Robert Miles bezeichnet Nation als »imaginierte Gemeinschaft« und – mit Eric Hobsbawm – als »Produkt menschlicher Erfindung«[10]. Selbstredend sind Kategorisierungen – wie Nation, aber auch Ethnie oder Klasse – theoretische Konstruktionen, aber diese Tatsache kann nicht gemeint sein, denn Robert Miles will den ideologischen Charakter von Nation und nicht lediglich von Nationalismus unterstreichen. Den Begriff »Klasse« würde er keinesfalls mit dem Adjektiv »imaginiert« in Verbindung bringen, wohl aber den – wissenschaftlich unhaltbaren – Begriff »Rasse«. Der begriffliche Rahmen seiner theoretischen Formulierungen ist unsauber konstruiert – und zwar aus taktischen Erwägungen, eben um besser gegen Nationalismus und Rassismus ankämpfen zu können. Die Wissenschaft wird fremden Zwecken untergeordnet, zur Fortsetzung der Politik mit anderen Mitteln.

In zahlreichen Argumentationsmustern werden Nation(albewußtsein) und Nationalismus vermengt. Klaus F. Geiger schreibt: »Nationalismus ist die Ideologie der Nation«, so als gäbe es keine Nation ohne Nationalismus, der wiederum ein »Manipulationsinstrument zur Integration der Bevölkerungsmehrheiten«[11] sei, mit anderen Worten: ein Herrschaftsinstrument. Hajo Funke meint, eine »Unberechenbarkeit des deutschen Nationalbewußtseins« konstatieren zu können, und postuliert: Es gelte, »die Nicht-Normalität des deutschen Nationalismus zu akzeptieren«[12]. Daraus darf gefolgert werden, daß Funke ebenfalls von einer »Nicht-Normalität«, anders: Singularität des deutschen Rechtsextremismus ausgeht. Doch fehlt jegliche Begründung dieser Behauptung.

Joschka Fischer folgert aus der NS-Vergangenheit: »In Deutschland 45 Jahre nach Auschwitz auf alles Nationale panisch zu reagieren ist kein Anlaß zu Scham und Kritik, sondern eine überlebensnotwendige Demokratenpflicht für mindestens weitere 45 Jahre.«[13] Demzufolge wäre die einzig angemessene Reaktion auf das »Nationale« schlichtweg Panik, mit anderen Worten: keine Auseinandersetzung, sondern Tabuisierung, Wegschieben. Der Begriff soll weiter Berührungsängste auslösen. Mit Karl Marx zu reden: »Die Tradition aller toten Geschlechter lastet wie ein Alp auf dem Gehirne der Lebenden« *(Der achtzehnte Brumaire des Louis Bonaparte).* Statt den Alp zu bekämpfen, wird sein Leben künstlich verlängert.

Die Autoren verkennen, daß das NS-Regime ein tiefsitzendes Mißtrauen gegenüber jeglichem Nationalismus und nationalen Taumel hinterlassen hat. Die überwältigende Mehrzahl der Deutschen weiß, daß der letzte große nationale Rausch in Auschwitz endete. Diese Erfahrung hat tiefe Spuren hinterlassen. Die Deutschen werden es nach der NS-Zeit nicht ein zweites Mal zulassen, daß die Individualität auf dem Altar der Nation geopfert wird. Die Ablehnung rechtsextremer Ideologien und Bewegungen gehört zum gesellschaftlichen Konsens, gegen den bislang nur Minderheiten verstoßen haben.

Der deutsche Sonderweg, über den viel Tinte floß, ist in diesem Zusammenhang von Bedeutung. Er begann nicht erst mit der NS-Zeit. Sowohl das Diskontinuierliche deutscher Geschichte als auch die »Gewaltakzeptanz«, die Wilhelm Heitmeyer neben der »Ideologie der Ungleichheit« zu einem Kernstück rechtsextremer Positionen erklärt, sind hervorzuheben: Die deutsche Staatsentwicklung zeigt mehr Brüche als die anderer Länder. Die Hauptstädte Englands und Frankreichs sind Symbol ungebrochener Kontinuität, wohingegen neben der vergleichsweise jungen Stadt Berlin auch Wien und Prag zeitweilig Hauptstadtfunktion hatten. Die Kunst des Regierens mit Hilfe von Verhandlungen und Kompromissen entwickelte sich in anderen Ländern, während in Deutschland – vor allem seit 1871 – militärische Modelle des Befehlens und Gehorchens überwogen, die besonders für Preußen charakteristisch sind. Ohne Einbettung in diese zivilisationsgeschichtliche Entwicklung, die der Soziologe Norbert Elias herausgearbeitet hat, erscheint »der Nationalsozialismus und der Entzivilisierungsschub, den er verkörperte«[14], unverständlich.

Zu den Voraussetzungen für das NS-Regime gehörte eine Ausbreitung von gesellschaftlich sanktionierten Modellen der Gewalttätigkeit. Exemplarisch untersucht Elias die Entwicklung des Duells, das in anderen Ländern an Bedeutung einbüßte, während in Deutschland eine gegenteilige Entwicklung zu verzeichnen war. Er spricht von Barbarisierung, einem Schub zu Roheit und Brutalität, einer Lockerung des eigenen Gewissens, und konstatiert, daß die »Erforschung nationalistischer oder patriotischer Glaubensdoktrinen bis heute einem recht starken Denkverbot« unterliegt, daß sie »sozial tabuisiert ist«. Solange Probleme dieser Art nicht untersucht werden, seien Nationalstaaten unfähig, »dem Teufelskreis ihrer gegenseitigen Bedrohung« zu entkommen.

Woher rührt die Resonanz, auf die nationalistische Ideologie stößt? Nationalismen haben häufig eine erstaunliche Familienähnlichkeit: Das unsichtbare Band, das die eigene Existenz an die der Nation knüpft, wird oft erst bemerkt, wenn Entwicklungen das gefährden, was im individuellen Leben als sinn- und wertvoll empfunden wird – damit ist ein Anknüpfungspunkt der Rechtsextremisten angesprochen.

Das Zentralproblem der Bundesrepublik, das der nationalen Identität, ist durch das »Wirtschaftswunder« verdeckt worden. Diese Identität fehlt fast völlig. Elias plädiert dafür, das »heiße

Eisen«, das indiskutabel gewordene Thema anzupacken, nämlich die Diskussion über Wert und Sinn, ein(e) Deutsche(r) zu sein. Das Thema ist bei den Rechtsextremisten besonders beliebt, weil Identitätsstiftung sich als etwas ein für allemal Gegebenes betrachten läßt, anders ausgedrückt: Die (nationale) Identität kann niemandem genommen werden. Jemand kann individuell versagen, kann seine Arbeit, seine Familie, seinen Freundeskreis etc. verlieren, nicht aber die nationale Identität, die als gleichsam essentielles, angeborenes Merkmal, das nicht oder nur schwer zu verändern ist, aufgefaßt werden kann.

Elias geht zu Recht davon aus, daß eine plausible Auffassung von Nation möglich ist. Verkürzt zusammengefaßt stellt sich die Alternative so dar: Nation kann einerseits mit Demokratie und Demokratisierung, einer Ausdehnung demokratischer und zivilgesellschaftlicher Rechte, verknüpft werden, andererseits mit Staat(sräson), dem Vorrang des Kollektivs vor den Individuen. In dieser kollektivistischen Version, wie sie viele Rechtsextremisten, aber auch die Neue Rechte vertritt, bildet die Nation den höchsten Wert. Sie wird verabsolutiert zum Ganzen, in dem die Individuen aufgehen: Konträr zum individualistisch-humanistischen Ansatz, den auch die Neue Linke vertritt, schlagen neurechte Vordenker ein zeitgemäßes »Ordo«-Konzept vor, einen ständischen Kollektivismus im neuen Gewand: »uns geht es um das Volk«, heißt es, nicht um den einzelnen[15]. Die Linke verwirft eine solche Sichtweise zwar aus triftigen Gründen, aber eine pauschale Ablehnung kann nicht überzeugen. Warum sollte Nation nicht ein Wert unter anderen sein – Nation nicht verstanden als etwas ewig Währendes, sondern als soziokulturelles und historisches Konstrukt, das sich verändert?

Nicht zufällig besteht Jürgen Habermas auf dem – von Dolf Sternberger geprägten – Begriff des »Verfassungspatriotismus«, um die demokratisch-republikanische Verbundenheit mit den Grundsätzen der Nation zu benennen: »Wir waren nie eine der klassischen Staatsnationen. [. . .] In dieser Situation halte ich für uns als Bürger der Bundesrepublik einen Verfassungspatriotismus für die einzig mögliche Form von Patriotismus. [. . .] Für uns in der Bundesrepublik bedeutet Verfassungspatriotismus unter anderem der Stolz darauf, daß es uns gelungen ist, den Faschismus auch auf Dauer zu überwinden, eine rechtsstaatliche Ordnung zu etablieren und diese in einer halbwegs liberalen politischen Kultur zu verankern.« Diese Perspektive bilde sich »um die universalistischen Prinzipien von Rechtsstaat und Demokratie«[16]. Aber wenn jemand vom »Stolz« der Deutschen redet, machen die meisten Linken die Schotten dicht und tun so, als sei dies identisch mit dem Prinzip »Deutschland zuerst« bzw. »Deutsche zuerst«, das Rechtsextremisten als schlichte Lösung für gesellschaftliche Probleme anbieten, nicht zuletzt als Allheilmittel gegen Gefühle von »Heimatverlust«. Erst eine realistische Einschätzung der eigenen Stärken und Schwächen ermöglicht eine selbstkritische Position.

Einen wichtigen Schritt in die richtige Richtung unternahmen in den achtziger Jahren jene Linken, die »Heimat« wiederentdeckten. Diesen Begriff und Topos, der den Rechten einen ehrfürchtigen Wonneschauer über den Rücken laufen läßt, verbanden viele bis dahin nur mit »braun«, »bodenständig«, »Blut und Boden«. Mit einer plausiblen Annäherung an Heimat könnte der Weg zu einer republikanischen Auffassung von Nation freigelegt werden, dessen klassische Version der französische Philosoph Ernest Renan (1823–1892) vertrat. Renan zufolge ist Nation ein tägliches Plebiszit (plébiscite de tous les jours), eine täglich erneuerte Entscheidung für die Zugehörigkeit zu einer politischen Gemeinschaft. Sein Konzept ist voluntaristisch, d. h. es basiert auf dem Bekenntnis zu bestimmten Prinzipien – und bildet die Grundlage für moderne Auffassungen von Staatsbürgerschaft, deren Erwerb für ausländische Mitbürger ein bedeutender Faktor auf dem Weg zur Integration ist. In einem Text aus dem Jahre 1882 erörtert Renan verschiedene Kriterien von Nation, u. a. Rasse, Sprache, Kultur, Religion, Geographie, Solidarität, Souveränität, Volk, Bürger, Vaterland. Er kommt zu dem Ergebnis, daß weder Sprache noch Rasse, Religion oder Geographie ein entscheidendes Indiz für Nation bilden, sondern allein der Wille, die Zustimmung, das Zugehörigkeitsgefühl.

Die beschriebenen Denkblockaden basieren – wie alle Denkblockaden – auf einem realen Kern. Die nationale Frage kann tatsächlich in sumpfiges Gebiet führen. Nationalismus bildet einen zentralen Ansatzpunkt rechtsextremer Parteien, und es ist nicht verwunderlich, daß gerade viele deutsche Linke anti-national auftreten; schließlich war der Nationalstaat in Deutschland 1871 »von oben« geschaffen worden. Die nationale Idee war in Deutschland bereits mit einem gestörten Verhältnis zur Demokratie zur Welt gekommen. Eine Reihe von Versuchen, ein positives Verhältnis zu finden, hat es gegeben, seitens der KPD in den zwanziger und dreißiger Jahren, der SPD nach 1945, der Neuen Linken nach 1968 und der Friedens- und Ökologiebewegung der achtziger Jahre, aber bislang behält die antinationale Strömung in der deutschen Linken die Oberhand.

Ein unbefangenes Verhältnis zur Nation, ein unbeschwerter Umgang mit dem Begriff und der Tatsache Nation ist hierzulande durch die Erinnerung an die erste Deutsche Republik erschwert, die dem Deutschen Faschismus, der die aggressivste Form des deutschen Nationalismus verkörperte, nicht den Weg versperrt hat. Aber das Spektrum zwischen purer Unbefangenheit, die dem Vergessen nahekommt, und Tabuisierung ist groß. Nach der deutsch-deutschen Vereinigung sah die Zeitschrift *konkret* die Gefahr »eines neuerlichen deutschen ›Sonderwegs‹ zwischen Ost und West« gegeben, der den »Faschismus möglich« mache[17]. Mit dieser Allgegenwart des Faschismusverdachts, des Menetekel-Beschwörens wird versucht, den Zugang zur Thematik schon im Vorfeld zu blockieren.

Alle Demokratien werden durch tiefe Bindungen zusammengehalten, durch Sprache, Kultur, Geschichte und damit die Erinnerung an große und grausige Zeiten, an Leistungen und Leiden. Menschen, die ihre Wurzeln nicht kennen oder keine Zugehörigkeit fühlen, laufen Gefahr, den Halt zu verlieren. Die Beschwörung eines inhaltsarmen Kulturpluralismus kann den gewachsenen Zusammenhalt nicht ersetzen. Allerdings dürfen die Erwartungen nicht zu hoch gesteckt werden: So kann ein gesellschaftlicher Konsens, der sich positiv auf die Nation bezieht, die Linke nicht vor dem Anwurf schützen, »Vaterlandsverräter« zu sein, aber er immunisiert dagegen: Le Pen wirft der Sozialistischen Partei vor, »le parti de l'Etranger«, die Partei des Auslands zu sein, kann daraus aber keinen politischen Nutzen ziehen. Der Begriff Nation ist verwendbar, ohne eine illusorische Gemeinschaft mitzutransportieren, ohne Opferbereitschaft einzufordern, ohne soziale Interessengegensätze zu negieren und ohne die Existenz anderer Staaten gefährden zu wollen. Nicht die Nation als solche sollte Bezugspunkt werden, sondern deren konkrete politische Ausgestaltung.

Es kann keine Nation geben ohne die Erkenntnis der Verschiedenheit der eigenen Nation gegenüber anderen. Insofern gehört eine Abgrenzung gegen das »Andere«, »Fremde« zum Begriff der Nation. Zum Nationalbewußtsein gehört »die Erkenntnis der Eigenart der eigenen, der Verschiedenheit der anderen Nationen«, aber zunächst ist es Geschichtsbewußtsein[18]. Erst wenn die Abgrenzung (im eigentlichen Wortsinn: Diskriminierung) in Haß gegen fremde Eigenarten und in Ausgrenzungspraktiken umschlägt, sollte von Nationalismus gesprochen werden. Wenn einige Grüne bestreiten, daß Ausländer andersartig sind, und als Begründung anführen, das Wort »andersartig« enthalte den Begriff »Art« und damit ein völkisches Konzept vom »Artfremden« und Minderwertigen, dann wird der Begriff faktisch den Neonazis für ihre Argumentation überlassen. In der deutschen

Sprache existierte das Wort im Sinne von Anderssein, lange bevor NS-Ideologen es mit ihrer Bedeutung besetzt haben. Ebensowenig kann die Ablehnung des Worts »Ausländer«, das viele Linke gerne in distanzierende Anführungszeichen setzen, überzeugen: Ein Wort kann nicht ausgrenzen, es läßt sich allenfalls zur Ausgrenzung verwenden, aber der Rückschluß, durch Nichtverwendung des Worts würden Ausgrenzungspraktiken konterkariert, ist abwegig.

Flucht nach Europa

Die Verbindung der Begriffe Demokratie und Nation ist ein Desiderat, das dringend aufzugreifen ist, sofern der Linken ernsthaft daran gelegen ist, die Strategien der Rechten zu durchkreuzen und sich nicht in vergangenheitsorientierter Donquichotterie zu verausgaben. Die Quintessenz der Auseinandersetzungen um die deutsche und europäische Zukunft liegt in der Entscheidung über demokratisch-parlamentarische Kontroll- und Entscheidungsbefugnisse, die gewählte EG-Instanzen erhalten.

Der Verweis auf Europa ist schnell bei der Hand, wenn es darum geht, die Gefahr eines aufkommenden Nationalismus zu bannen. Doch Skepsis scheint gegenüber einer naiven Europa-Euphorie und dem Glaubenssatz angebracht, die Nationen hätten sich längst überlebt. Die Menschheit ist vielmehr noch für geraume Zeit dazu verurteilt, sich in – säkularisierte – Nationen zu sondern. Der Verweis vieler Linker auf den Aufbau Europas als Mittel zur Überwindung von Nation und Nationalismus könnte eine – sich internationalistisch gebende – Flucht aus der Geschichte werden. Eine europäische Staatsbürgerschaft, die ohne eine nationale auskommt, bleibt Zukunftsmusik, solange Europa kein Vaterland im emotionalen Sinne des Wortes wird.

Eine Leitlinie gegen supranationale Versuchungen kann »Subsidiaritätsprinzip« heißen: weitestmöglich »unten« und »von unten« regeln, was auf dieser Ebene regelbar ist; nur die Entscheidungen nach »oben« – sei es auf regionale, nationale oder europäische Ebene – delegieren, die eine Behandlung auf dieser Ebene erfordern; gegen die Übertragung von Machtkompetenzen eintreten, für eine Einbeziehung der Beteiligten, gegen Entscheidungen über deren Köpfe hinweg, gegen eine Zentralisierung von Macht, für die Beibehaltung gewachsener Strukturen.

Das Nationalbewußtsein kann auf modernen Vorstellungen von Freiheit-Gleichheit-Solidarität beruhen, auf den Menschen- und (dieser zweite Teil der Erklärung von 1789 wird gerne vergessen) Zivilbürgerrechten, an deren Ausdehnung der Linken gelegen sein müßte. Auf dieser Grundlage läßt sich Xenophobie bekämpfen, läßt sich völkisch-rassistischen Vorstellungen entgegentreten, die eine Ungleichheit der Menschen und eine Höher- oder Minderwertigkeit bestimmter Völker postulieren. Wer das Kampfgelände »Nation« und »nationale Identität« verläßt, übergibt das Terrain der Gegenseite, die nicht zögern wird, ihre eigenen Vorstellungen durchzusetzen. Die linken Warnungen können so zu einer self-fulfilling prophecy werden, weil ein Identitätsvakuum entsteht. Eine persönliche Identitätskrise – ausgelöst z. B. durch Arbeitsplatzverlust – kann dazu führen, sich an die einzigen Fixpunkte zu klammern, die nicht verlorengehen können, eben die nationale Identität.

Es kann als Indiz für ein Umdenken genommen werden, wenn kritische Linke mahnen: »Der Umgang mit der deutschen Identität, den die Linke vor allem im Hinblick auf den Faschismus kultiviert hat, basiert auf der Vorstellung der absoluten Schuld und einem tiefen Mißtrauen gegen sich selbst, vor allem aber gegen alle anderen weißen Deutschen.«[19] Dahinter stehe – so die Feministin Claudia Koppert – die zum Teil berechtigte Angst »vor dem Ungeist der Relativierung« und die Befürchtung, »vom

Pfad der antifaschistischen Tugend abzukommen, sich im Urwald der deutschen Seele zu verirren und sich schließlich unsagbar zu kompromittieren«[20]. Derlei Befürchtungen und Denkmuster blockieren in der Tat eine fruchtbare Auseinandersetzung mit dem Thema. »Typisch deutsch« war für viele Linke immer schon ein Schimpfwort, und deutsch waren stets nur die anderen, das gemeine Volk, die Fußballfans, die Pauschaltouristen . . .

Fazit: Nation ist einer der gemeinsamen Bezugspunkte der Einwohner eines Landes und damit Sprache, Kultur, Land(schaft) und Tradition; ein anderer könnte die *citoyenneté* werden, die – neudeutsch – »Zivilbürgerschaft«, der Bezug auf gemeinsame zivilbürgerliche Rechte und Pflichten. Eine moderne Auffassung von Nationalität kann nicht auf ethnischen Regeln gründen, sondern auf dem Territorialprinzip und republikanischen Gesetzen, die für alle gleichermaßen gelten. Es ist keineswegs sicher, daß die Anti-Nationalismus-Strategie ein taugliches Rezept zur Bekämpfung des Rechtsextremismus ist. Vielmehr sprechen viele Anzeichen dafür, daß die linke Tabuisierung von Nation, die eine Neubestimmung des Begriffs verhindert, ungewollt den Rechtsextremisten in die Hände spielt.

Schluß

Die Frage, ob es eine Gefahr von rechts gebe, beantworten Thomas Assheuer und Hans Sarkowicz in ihrem Buch »Rechtsradikale in Deutschland« mit einem ebenso knappen wie eindeutigen Nein! Sie meinen, ein »identisches Gesetz« vom »Aufstieg und Niedergang« rechtsextremer Parteien entdeckt zu haben, das allemal dazu führe, daß sie schließlich in die »Bedeutungslosigkeit« stürzen[1]. Die Einschätzung zeugt von einer gewissen Blauäugigkeit, wie sich am Beispiel Le Pen in Frankreich zeigen läßt, der es verstanden hat, seine rechtsextreme Partei innerhalb eines Jahrzehnts dauerhaft zu etablieren. Die gängigen Bekämpfungsstrategien gegen Rechtsextremismus haben dort auf eklatante Weise versagt. Unter den genannten Bedingungen kann nicht ausgeschlossen werden, daß die französischen Rechtsextremisten deren europäische Avantgarde bilden.

Die *Forschungsgruppe Wahlen* blieb auch nach dem rechtsextremen Rekordergebnis in Baden-Württemberg am 5. April 1992 zweckoptimistisch: »Der Rechtsruck muß nicht von Dauer sein«, meinten Matthias Jung und Dieter Roth und begründeten diese Einschätzung, die sie bereits nach dem Wahlerfolg in Berlin 1989 aufgestellt hatten, mit der Diagnose, daß weder Republikaner noch DVU die Voraussetzungen erfüllten, um sich dauerhaft zu etablieren: Sie könnten weder »Themen mit ausreichender Reichweite besetzen«, noch hätten sie ein attraktives »Personalangebot«[2]. Offenbar reicht das Personal- und Themenangebot jedoch zahlreichen Wählern.

Die rechtsextreme Wählerschaft läßt sich am besten am französischen Beispiel studieren, weil die Nationale Front bereits seit 1984 dauerhaft hohe Ergebnisse erzielt: Beim Durchbruch im Jahre 1984 erreichte Le Pen seine Haupterfolge in den wohlhabenderen Pariser Gegenden, in Neuilly und im 16. Arrondissement. Ab 1986 verlagerte sich der Schwerpunkt nach Seine-Saint-Denis und ins 19., 20. Arrondissement, d. h. in populäre Stadtviertel. Im Jahr 1988 gelang es der extremen Rechten erstmals, diese beiden Welten zu einer rechtsextremen Wählerschaft zu verschmelzen. Der Rechtsextremismusforscher Pascal Perrineau, Direktor des Studienzentrums über das französische politische Leben (CEVIPOF), erläutert: Die Nationale Front erfährt Unterstützung einerseits durch »le monde de la boutique«, d. h. Freiberufler, Kleinunternehmer, Händler und Handwerker, andererseits durch »le monde de l'atelier«, d. h. Facharbeiter, obere Schichten der Arbeiterschaft, während die unteren eher in Wahlenthaltung ausweichen. Laut einer Umfrage des Instituts BVA vom November 1991 ist die Nationale Front die stärkste Partei der Arbeiterschaft und rangiert vor den Sozialisten, den bürgerlichen Parteien RPR und UDF sowie den Kommunisten, die den fünften Platz einnehmen[3].

In Deutschland haben wir es – bislang – mit einer anderen Situation zu tun als in Frankreich. Die rechtsextreme Herausforderung hat das französische Format nicht erreicht. Insofern bleibt Zeit zum Nachdenken über die Frage, wie Rechtsextremismus effektiv bekämpft werden kann. Es besteht ein weitreichender Konsens um die Auffassung, daß Rechtsextremismus zu bekämpfen sei. Damit ist die mobilisierende Funktion der Bekämpfungsstrategien angesprochen. Viele haben das Gefühl, »etwas dagegen tun« zu müssen. Doch die Bilanz vieler Unternehmungen ist trotz redlichen Bemühens und anerkennenswerten Einsatzes negativ.

Vom hilflosen Antifaschismus ist immer wieder die Rede, seit Wolfgang Fritz Haug seine gleichnamige Schrift veröffentlichte, die nicht an Aktualität eingebüßt hat, wenn auch neuere Entwicklungen ein Weiterdenken erforderlich machen. Strategien sind in einem schwer faßbaren Bereich angesiedelt, und diese Tatsache erschwert die Analyse. Es geht hier vorrangig um linke Strategien gegen Rechtsextremismus, um Bekämpfungsvorschläge linker Parteien und Organisationen, linker Wissenschaftler und Intellektueller im weitesten Sinne. Sicherlich ist es überspitzt, aber nichtsdestoweniger bedenkenswert, wenn Konrad Adam, stellvertretender Chefredakteur des Feuilletons der *Frankfurter Allgemeinen Zeitung,* schreibt: »Die Ehrentitel der Linken sind rar geworden. Worauf sie stolz sind, was sie erzählen und womit sie werben, ist immer seltener der Glaube an die schöne neue Welt von morgen. An seine Stelle tritt ein allenfalls historisches Verdienst, ihr Kampf gegen die extreme Rechte. Von allen linken Tugenden scheint mit der Zeit nur der Antifaschismus übrigzubleiben.«[4] Von der Polemik gegen utopisches Denken sei abgesehen: Daß der Rückzug auf antifaschistische Kämpfe auch eine Art der Selbstvergewisserung ist, läßt sich nicht bestreiten und ebensowenig, daß die antifaschistischen Aktionen eine Art Selbstzufriedenheit mit sich bringen.

Das Handeln gegen Rechtsextremismus hat häufig unbeabsichtigte oder sogar den Intentionen entgegengesetzte Folgen. Wolfgang Fritz Haug kommentiert: »Der gute Wille ist vorhanden. Allzuoft aber ist es, als sei er sich selbst im Wege.«[5] Ein ursächlicher Faktor dafür liegt in der Selbstbezogenheit vieler Bekämpfungsstrategien, die sie zur Wirkungslosigkeit verurteilt. Wer die Rechtsextremisten nur ausgrenzt, schwächt sie in keiner Weise. Parolen wie »Ausländer bleiben, die Reps vertreiben« bezeugen nur die Richtigkeit der Diagnose vom hilflosen Antifaschismus. Zahlreiche Fernseh- und Rundfunksendungen über Rechtsextremisten sind so gestaltet, daß sie zwar zur Beruhigung aufgeklärter Zeitgenossen beitragen, aber die potentiellen Wähler rechtsextremer Parteien nicht erreichen. Demonstrationen und Resolutionen von Gegnern der Rechtsextremisten dienen stets auch der Selbstvergewisserung: Wenn dieser Nebeneffekt jedoch das eigentliche Ziel in den Hintergrund drängt, erhält das Ganze etwas Rituelles und damit Fragwürdiges, womit ein weiterer Faktor für die Ineffizienz benannt ist. Ein dritter Faktor ist der Etatismus, die Staatsbezogenheit, genauer: der Ruf nach staatlicher Repression gegen Rechtsextremismus. Der Staat kann nicht als »Therapeut« der Gesellschaft wirken, ihn muß die zivilgesellschaftliche, zivilbürgerliche Intervention ersetzen.

Es soll hier nicht nach den persönlichen Beweggründen derer gefragt werden, die die hier kritisierten Auffassungen vertreten. Wichtig ist, daß – ein vierter Faktor – mächtige Tabus, die ihre Macht aus der Nähe zum Sakralen gewinnen, zu einer verzerrten, verqueren Argumentation führen und das Denken beengen. Eingefahrene Denkstrukturen hindern daran, das Neuartige zu erkennen. Die bestehenden Tabus sind wie von Kafka erfunden: geschlossene Türen, vor denen viele warten, aber niemand wagt hineinzugehen. Diese Blockierungen gilt es aufzuspüren und zu überwinden. Einen fünften Faktor bildet die Sloganisierung, die ins intellektuelle Leben Einzug gehalten hat und dort gleiche Verwüstungen anzurichten beginnt wie im politischen Bereich. Der inflationäre Gebrauch eingängiger Formeln blockiert das Nachdenken über Effizienzkriterien. Mythen verdrängen die nötige Analyse. Als Reverenz an einen postmodernen Zeitgeist wird Betroffenheit zelebriert.

Besonders Antifa-Strategie stößt weiterhin auf große Resonanz, doch ihre Wirksamkeit ist alles andere als erwiesen. Claus Leggewie zufolge ist Antifaschismus »die politische Selbstbeschäftigung linker Sekten«[6]. Hinzuzufügen ist, daß er zugleich Selbstberuhigung und unproduktive Einbindung linker Energien ist und damit tendenziell Selbstausschaltung vom politischen Geschehen. Eine Revision der eigenen Denkmuster und Aktionsformen ist angesichts dieser – teilweise selbstverschuldeten – Situation überfällig. Die Lust am Recherchieren, die Begeisterung für akribische Materialsammlung und Theorienbildung scheint so manchem Rechtsextremismusforscher abhanden gekommen zu sein. Statt dessen wird krampfhaft versucht, die Kontinuitäts- oder Antifa-These zu belegen: Eine zusammenhanglose Aneinanderreihung einzelner Facetten, isolierter Fakten und Bruchstücke verdrängt die ganzheitliche Betrachtung.

Je eingehender und differenzierter der Rechtsextremismus analysiert wird, desto komplexer fallen die Bekämpfungsstrategien aus. Es bedarf noch erheblicher analytischer Anstrengungen, um ihm beizukommen, und gerade von nicht-konformistischer Seite ist einiges zu erwarten, um das alte Denken zu überwinden. Differenzierung und Nuancierung sind das Handwerkszeug nicht ausschließlich der Historiker.

Es liegt mit an den Gegnern des Rechtsextremismus, daß dieser – wie das Haupt des Medusa – so viele Blicke auf sich zu ziehen und viele, zu viele Energien auf sich zu bündeln vermag. Es gilt zwar, den Rechtsextremismus als Herausforderung zu begreifen, ohne jedoch auf das Phänomen zu starren wie auf das Loch Ness und auf ein periodisch wiederkehrendes Verhängnis zu warten, um die alten Antifa-Rituale durchzuexerzieren.

Beschwörerische moralisierende Aufrufe können die Analyse nicht ersetzen. Der Erfolg bloß moralischer Appelle ist mehr als zweifelhaft. Wer Jugendliche als »rechtsextrem« stigmatisiert, läuft Gefahr, ungewollt dazu beizutragen, »daß dieses von mir immer schon unterstellte Wesen tatsächlich hervortritt« – auf dieses Risiko weist Wolfgang Fritz Haug hin. Damit wäre genau das Gegenteil des Angestrebten bewirkt. Die aufdringliche und aufgeregte »anti-rassistische« Berichterstattung in den Medien, vor allem im Fernsehen, hat »ungewollte Verstärkereffekte«[7], denn statt die Wogen zu glätten, gießt sie Öl ins Feuer. Unbewußt wird an der Realisierung einer self-fulfilling prophecy gearbeitet.

Eine Bekämpfungsstrategie, die seit den Ausschreitungen gegen Asylbewerber 1990 in Hoyerswerda en vogue ist, heißt antirassistische Arbeit. Es mag ketzerisch klingen, aber es sollte darüber nachgedacht werden, ob der Rassegedanke heutzutage nicht von den Verfechtern des Antirassismus mit am Leben gehalten wird, ob diese nicht zum Weiterbestehen des Rassegedankens beitragen. Rassisten, die den – wissenschaftlich unhaltbaren – Rassegedanken vertreten, finden sich nur in sektiererischen Zirkeln. Die Antirassisten wollen Xenophobie und Fremdenhaß bekämpfen, aber unter dem Banner des Anti-Rassismus: »Der Antirassist konstruiert den Rassisten als einen, der Rasse konstruiert. Wir müssen aufpassen, daß wir in dieser Schachtel nicht steckenbleiben.«[8] Wer die Schützengräben verläßt, gibt sich die Chance, das Terrain neu zu sichten.

Der Rassegedanke ist gesellschaftlich geächtet, und kaum jemand tritt hierzulande offen für ihn ein, obwohl er als Vorurteil einer zahlreichen Anhängerschaft sicher sein könnte. Analog könnte der Gedanke der Todesstrafe betrachtet werden: Kein ernstzunehmender Politiker fordert die Todesstrafe, obwohl er einer breiten Unterstützung sicher sein kann. Nun könnten die Gegner der Todesstrafe auf die Idee kommen, diese »Unbelehrbaren« zu überzeugen und Kampagnen gegen die Todesstrafe zu entfalten. In den Medien und der Presse würde erklärt, warum sie inhuman ist, doch früher oder später würde sich die Gegenposition zu Wort melden, und die gesellschaftliche Ächtung wäre durchbrochen. Die Gegner der Todesstrafe hätten das Gegenteil des Bezweckten erreicht, nämlich eine Diskussion Pro-Contra-Todesstrafe, und das Thema wäre salonfähig und in aller Munde. Die Analogie zum Rassegedanken trägt nur bis zu einem gewissen Punkt, aber sie sollte zu denken geben.

Auch die linke Fixierung auf die Frage der Nation hat ihre Tücken: Wenn ein Türke eine Deutsche niederschießt, verschweigt die *taz* die Nationalität, weil sie – so die Journalistin – »hier nichts zur Sache tut«. Schießt indes ein Deutscher auf eine Türkin, wäre der Fall als »ein neues Indiz für Ausländerfeindlichkeit betrachtet worden«, wie Ulrich Stock in der *Zeit* moniert, der diese pädagogische Zensur »umgekehrten Rassismus« nennt[9]. Eine Tabuisierung und die Befangenheit des Umgangs mit der Frage der Nation und Nationalität verleihen dieser ein Gewicht, die ihr nicht zusteht.

Gerade eine im alten Denken befangene Linke steht vor einer Zwickmühle, bei der einem, wenn der Gegner sie erst einmal bilden konnte, bekanntlich jeder Zug einen Schaden zufügt. Unter den Bekämpfern des Rechtsextremismus und den Antirassisten sind Blockierungen entstanden, die verhindern, daß sie handlungsfähig werden und ins Geschehen eingreifen können. Blinde Flecken werden durch Mythen überlagert und Widersprüche eliminiert, um Ambivalentes eindeutig zu machen. Der moralische Anti-Rechtsextremismus zieht ein gutes Gewissen einem genauen Wissen über Wirkungszusammenhänge vor. Entlarvung ersetzt allzu oft die Analyse und symbolische Akte eine effektive Politik, die jedoch erforderlich wäre, wenn die dem Symbolischen verhaftete Phase der Selbstberuhigung und Selbstbeschäftigung überwunden werden soll.

Anmerkungen

Einleitung: Verfehlte Strategien gegen den Rechtsextremismus

[1] Heidi Bischoff-Pflanz, SOS-Rassismus, Berlin, in: Bahman Nirumand (Hrsg.), Angst vor den Deutschen; Reinbek 1992, S. 277.

[2] Diese Vorschläge zur Bekämpfung von Rechtsextremismus fungieren im kollektiven Imaginären – nicht nur der Linken – als Strategie bzw. als Strategieersatz, und aus diesem Grunde ist es gerechtfertigt, den Begriff beizubehalten. So oft wie möglich werden Aussagen anerkannter Rechtsextremismusexperten oder bekannter linker Wortführer als Exponenten der kritisierten Position bzw. als Vertreter der einzelnen Strategien herangezogen.

[3] Dieter Roth, Schneller Aufstieg und tiefer Fall, in: *Aus Politik und Zeitgeschichte*. Beilage zur Wochenzeitung Das Parlament B 37–38/90.

[4] Vgl. Eckhard Jesse, Therapien in der Bekämpfung des Rechtsextremismus, in: Texte zur inneren Sicherheit. Rechtsextremismus in der Bundesrepublik Deutschland; Bonn 1990, S. 57.

[5] Siehe dazu Franz Gress u. a., Neue Rechte und Rechtsextremismus in Europa; Opladen 1990; Claus Leggewie, Der Geist steht rechts; Berlin 1987, sowie meine Studie: Kulturrevolution? Die Neue Rechte im neuen Frankreich und ihre Vorläufer; Opladen 1991.

[6] Hans-Gerd Jaschke, Die »Republikaner«. Profile einer Rechtsaußen-Partei; Bonn 1990, S. 131.

[7] Der Gießener Politikwissenschaftler Claus Leggewie nennt neu aufkommende rechtsextreme Organisationen »Neue Rechte« im Gegensatz zur traditionellen Alten Rechten: Claus Leggewie, Die Republikaner. Ein Phantom nimmt Gestalt an; Berlin (1989), überarbeitete und erweiterte Neuausgabe 1990.

[8] Vgl. meine Studie: Kulturrevolution? (Anm. 5), S. 124, 178.

[9] Vgl. meine Besprechung in: Jahrbuch Extremismus & Demokratie, 4. Jg.; Bonn 1992.

[10] Patrick Bahners, Deutschland, ja was denn nun?, in: *FAZ* vom 19. November 1991, S. 34.

[11] München 1990.

[12] Richard Stöss, Die extreme Rechte in der Bundesrepublik; Opladen 1989, S. 229.

Die Antifaschismus-Strategie

[1] *Le Monde* vom 30. Januar 1992, S 11.

[2] In: *Vorwärts*. Sozialistisches Hochschulmagazin. Heft 8/1989, November, S. 8 (unpaginiert; hrsg. von der Hochschulgruppe der Jusos, Landesverband Berlin/West). – Eine »ungebrochene Kontinuitätslinie« sieht auch Martina Koelschtzky: Die Stimme ihrer Herren. Ideologie und Strategie der »Neuen Rechten« in der Bundesrepublik; Köln 1986, S. 85.

[3] In: *Blätter für deutsche und internationale Politik,* Heft 3/1989, hier nach: Matthias von Hellfeld (Hrsg.), Dem Haß keine Chance; Köln 1989, S. 35.

[4] Metall-Gespräch, in: *metall*. Zeitschrift der Industriegewerkschaft Metall Nr. 21 vom 18. Oktober 1991, S. 8f.

[5] Nach: Eike Hennig, Zum Historikerstreit. Was heißt und zu welchem Ende studiert man Faschischmus?; Frankfurt a. M. 1988, S. 26.

[6] Hajo Funke, »Republikaner«. Rassismus, Judenfeindschaft, nationaler Größenwahn; Berlin 1989, S. 85ff., ebenfalls S. 90.

[7] Gerhard Paul, in: Gerhard Paul (Hrsg.), Hitlers Schatten verblaßt. Die Normalisierung des Rechtsextremismus; Bonn 1989, S. 134, 143, 160.

[8] Hennig 1988, S. 137.

[9] Richard Stöss, Die extreme Rechte in der Bundesrepublik; Opladen 1989, S. 52, 77, 258.

[10] Die Grünen, Argumente gegen REPs & Co.; Bonn o. J. (1989), S. 111, 115.

[11] Beispielsweise Günter Grass in: *Die Zeit* vom 7. Februar 1992, S. 21;

aber er steht für viele andere, die fragen, ob uns die Vergangenheit »einholt«.

12 Vgl. für Frankreich: Nonna Mayer/Pascal Perrineau, Le Front National à découvert; Paris 1989.

13 Leggewie (wie S. 157, Anm. 7), S. 19.

14 So auch: Bernd Ulrich, Warnschuß! Nach der Wahlniederlage: CDU und SPD sitzen die Probleme aus, in: *Freitag* vom 10. April 1992, S. 1.

15 Die Grünen, Argumente [. . .], S. 122.

16 Hennig 1988, S. 172.

17 Stöss 1989, S. 17.

18 *die tageszeitung* vom 8. Juli 1989, zitiert nach: Stöss 1989, S. 230.

19 Klaus Hartung, Die antifaschistische Mehrheit, in: *Neue Gesellschaft* 1989, S. 874. – Teilweise textgleich: Klaus Hartung, Die antifaschistische Mehrheit, in: Martina Kirfel/Walter Oswalt (Hrsg.), Die Rückkehr der Führer. Modernisierter Rechtsradikalismus in Westeuropa; Wien/Zürich 1989, S. 268–272.

20 Margret Feit, Die »Neue Rechte« in der Bundesrepublik; Frankfurt 1987.

21 Einen brauchbaren historischen Überblick liefern Thomas Assheuer/Hans Sarkowicz, Rechtsradikale in Deutschland. Die alte und die neue Rechte; München 1990. Vgl. auch Friedrich Tomberg, Konservative Wegbereitung des Faschismus in der politischen Philosophie Carl Schmitts, in: *Das Argument* 87, November 1974, S. 604–633.

22 Funke 1989, S. 49 bzw. 12 bzw. 114.

23 Peter Glotz, Die deutsche Rechte; Stuttgart 1989, S. 140.

Die Aufarbeitungs-Strategie

1 Stöss (wie S. 158, Anm. 12), S. 78, im folgenden S. 9.

2 Peter Dudek, »Vergangenheitsbewältigung«. Zur Problematik eines

umstrittenen Begriffs, in: *Aus Politik und Zeitgeschichte* B 1–2/1992, S. 44–53.

3 Bernd Ulrich, Zur tiefgreifenden Krise des Antifaschismus, in: *Kommune* 4/1989, S. 59.

4 Nach: *Der Tagesspiegel* vom 8. März 1992, S. 9.

5 Ulrich 1989, S. 56.

6 Stöss 1989, S. 51.

7 Vgl. Dudek 1992.

8 Martin Broszat, Plädoyer für eine Historisierung des Nationalsozialismus, in: *Merkur* 435, 1985, S. 373–385.

9 In: *FAZ* vom 6. Juni 1986.

10 Vgl. Dudek 1992.

11 Gustav Le Bon, Psychologie der Massen, Stuttgart 1951, S. 104.

12 Ulrich 1989, S. 60f.

13 Dudek 1992.

14 Saul Friedländer, Überlegungen zur Historisierung des Nationalsozialismus, in: *Freibeuter* 36/1988, S. 33–52.

15 Patrick Bahners, Aus der Geschichte lernen? Zu einer Rede von Lea Rosh, in: *FAZ* vom 3. Dezember 1991, S. 35.

16 Günther Nenning, Die Nation kommt wieder. Würde, Schrecken und Geltung eines europäischen Begriffs; Zürich 1990, S. 41.

Die Repressions-Strategie

1 Die Grünen, Argumente gegen REPs & Co.; Bonn o. J., S. 169.

2 *Blätter für deutsche und internationale Politik* 5/1989, S. 534–539.

3 *Blätter* [...] 5/1989, S. 539–545. – Die moderne Form der Intellektuellenhatz, natürlich von Intellektuellen veranstaltet, spricht im

Namen eines gesünderen Verhältnisses zur Arbeiterklasse oder zum Volk, zur Wirklichkeit.

4 Abgedruckt z. B. in: *Blätter für deutsche und internationale Politik*, Heft 3/1989. Vgl. meine Kritik an dieser Position in Heft 5/1989, S. 549 ff. (»Wider die Denkfaulheit, auch die linke«).

5 Vgl. z. B. Reinhard Opitz, Über die Entstehung und Verhinderung von Faschismus, in: *Das Argument* Heft 87/1974, S. 543–603.

6 Verena Krieger u. a., in: Die Grünen im Bundestag, Neofaschismus – Rechtsradikalismus – Ausländerfeindlichkeit; Bonn 1989, S. 7.

7 Eike Hennig, Zum Historikerstreit. Was heißt und zu welchem Ende studiert man Faschismus?; Frankfurt a. M. 1988, S. 39.

8 Wolfgang Fritz Haug, Zur Dialektik des Anti-Rassismus, in: *Das Argument* 191, Januar–Februar 1992, S. 46.

9 Hans-Gerd Jaschke, Auf dem rechten Auge blind? Innere Sicherheit, streitbare Demokratie und das Primat der Gesinnungsjustiz, in: Gerhard Paul (Hrsg.), Hitlers Schatten verblaßt. Die Normalisierung des Rechtsextremismus; Bonn 1989, S. 175.

10 In: Christoph Butterwegge/Horst Isola (Hrsg.), Rechtsextremismus im vereinten Deutschland; Bremen/Berlin 1991 (3. vollständig überarbeitete und erweiterte Neuausgabe), S. 140f.

11 Richard Stöss, Die extreme Rechte in der Bundesrepublik; Opladen 1989, S. 250f.

12 Stöss 1989, S. 248f.

13 Beispielsweise: Gert Heidenreich, Die organisierte Verwirrung, in: Wolfgang Benz (Hrsg.), Rechtsextremismus in der Bundesrepublik; Frankfurt/M. 1984.

14 Birgit Rommelspacher, Heile, heile Nazi, es wird schon wieder gut, in: *konkret* 9/1991.

15 In: *konkret* 11/91, *konkret* 12/91, 1/92 sowie weitere Fortsetzungen.

16 Uwe Backes/Eckhard Jesse, Politischer Extremismus in der Bundesrepublik Deutschland. Band II: Analysen; Köln 1989.

17 Siehe die Liste in: Uwe Backes/Eckhard Jesse, Politischer Extremis-

mus in der Bundesrepublik Deutschland. Band III: Dokumente; Köln 1989, S. 248–252.

[18] Kurt Hirsch, Rechts, REPs, rechts: aktuelles Handbuch zur rechtsextremen Szene; Berlin 1990, S. 44, 49.

[19] Hans-Gerd Jaschke, in: G. Paul 1989, S. 164–194.

[20] Hans-Gerd Jaschke, in: G. Paul 1989, S. 184; alle Zitate aus diesem Beitrag.

[21] Klaus Hartung, Die antifaschistische Mehrheit, in: *Neue Gesellschaft* 1989, S. 874. – Vergleiche auch: Rudolf Stefen, Die Indizierung NS-verherrlichender Medien durch die Bundesprüfstelle, in: Bundeszentrale für politische Bildung (Hrsg.), Extremistische Medien; Bonn 1984 sowie Eckhard Jesse, Streitbare Demokratie und »Vergangenheitsbewältigung«, in: Verfassungsschutz in der Demokratie: Beiträge aus Wissenschaft und Praxis, hrsg. vom Bundesamt für Verfassungsschutz; Köln 1990, insbesondere S. 270ff., 289ff.

[22] Hartung 1989, S. 875.

[23] Claus Leggewie, Die Republikaner. Ein Phantom nimmt Gestalt an; Berlin (1989); überarbeitete und erweiterte Neuausgabe 1990, S. 175f., 177f., 180f.

[24] So Eckhard Jesse in einem Besprechungsessay zu Franz Greß/Hans-Gerd Jaschke/Klaus Schönekäs, Neue Rechte und Rechtsextremismus in Europa, in: *Politische Vierteljahresschrift* (PVS) 3/1991, S. 501–508.

Die Psycho- und Ausgrenzungs-Strategie

[1] Eine differenzierte Darstellung der Theorien über den Zusammenhang von »Faschismus und ›autoritärem Charakter‹« findet sich bei Wolfgang Wippermann, Faschismustheorien. Zum Stand der gegenwärtigen Diskussion; Darmstadt, 5. völlig neu bearbeitete Aufl. 1989, S. 76–80. Grosso modo lassen sich gesamtgesellschaftliche und persönlichkeitsorientierte Erklärungsmuster unterscheiden. Die eine Forschungsrichtung unterteilt sich in Ansätze, die eher politische oder soziale, ökonomische oder ideologische Erklärungsfaktoren – meist Krisenerscheinungen – heranziehen. Die andere Forschungsrichtung gliedert

sich in einen individual- und einen massenpsychologischen Ansatz. Das Forschungsinteresse gilt der Massenbasis des Faschismus bzw. Rechtsextremismus. Großer Wert wird auf den subjektiven Faktor, insbesondere individuelle Charaktermerkmale, gelegt.

2 Wilhelm Reich, Die Massenpsychologie des Faschismus; Köln 1971, S. 17, im folgenden S. 55ff., 65.

3 Beispielsweise Wilhelm Heitmeyer, Rechtsextremismus: »Warum handeln Menschen gegen ihre eigenen Interessen?« Ein 'ran-Buch für Jugendliche; Köln 1991 (sowie Begleitheft). Die Frage, warum die Massen nicht ihren originären Interessen entsprechend handeln, sondern gegen ihr Eigeninteresse, beschäftigte schon Wilhelm Reich.

4 Beispielsweise beansprucht Wolfgang Pohrt, seine Studie »Der Weg zur Einheit. Elemente des Massenbewußtseins BRD 1990« in Anlehnung an die Arbeit »The Authoritarian Personality« von Theodor W. Adorno u. a. erstellt zu haben, so der Begleittext zum Vorabdruck in der Zeitschrift *konkret* (vom Mai 1990 bis April 1991). Die »Studie«, in *konkret* 9/91 positiv besprochen, ist eine Mischung aus Feuilleton, Polemik, unbewiesenen Annahmen und pseudowissenschaftlichem Instrumentarium, bei dem fehlerhafte Operationalisierungen und unsinnige Schlußfolgerungen, die nicht gegebene kausale Zusammenhänge und Korrelationen vortäuschen, die Regel sind: Aus der Antwort auf eine einzige Frage werden Persönlichkeitsstrukturen aller Deutschen abgeleitet, wobei Pohrt eine »autoritäre Charakterstruktur« der Deutschen, die diese für Faschismus prädestiniere, ontologisiert, kurzum: einen – von ihm vermuteten – faschistoiden »gruppen- und schichtenübergreifenden Nationalcharakter« der Deutschen sucht und findet. Das Syndrom »Zu kurz gekommen, übervorteilt, betrogen« bilde eine »Komponente« dieses Nationalcharakters (*konkret* 3/1991, S. 38), ebenso ein »Michel-Syndrom« (7/90) oder »Ufo-Syndrom«: Pohrt läßt bei der Auswertung einer Frage, die zugleich von der Seelenwanderung und Wiedergeburt handelt, diese Elemente fort und konstruiert kurzerhand einen »Ufo-Satz«, über den er sich lustig machen kann (4/91).

5 Arno Plack, Wie oft wird Hitler noch besiegt?; Frankfurt/M. 1985, S. 128f.

6 *die tageszeitung* vom 27. November 1991, S. 12.

[7] Thomas Krauß, Die Angst vor Fremden aus psychoanalytischer Sicht, in: *taz Journal*. Die Deutschen & die Fremden; April 1992, S. 75f. Krauß sieht »innerpsychische Verwahrlosungstendenzen« als Triebfeder von Ausländerhaß.

[8] Birgit Rommelspacher, Rechtsextreme als Opfer der Risikogesellschaft. Zur Täterentlastung in den Sozialwissenschaften, in: *1999*. Zeitschrift für Sozialgeschichte des 20. und 21. Jahrhunderts, April 1991, Heft 2/1991, S. 86.

[9] Agostino Portera, Schiefe Blicke, feindliche Parolen. Sind Ausländer wieder einmal Sündenböcke? in: *Die Zeit* vom 4. Januar 1991, S. 12.

[10] Wolfgang Pohrt in: *konkret* 8/1990, S. 38.

[11] *die tageszeitung* vom 29. November 1991. Leser der *taz* mischten sich selbstkritisch in die Debatte ein, z. B. Mesut Keskin aus Berlin-Kreuzberg: »Uns gefällt es vielerorts Opfer zu sein. Als Opfer sind wir von der Pflicht der Verantwortung befreit. Uns kann man doch nichts vorwerfen. Wir sind doch die Diskriminierten. [...] Ich möchte kein Objekt beruflicher Antirassisten sein, von denen es in der letzten Zeit immer mehr gibt.«

[12] »Mitleid gilt Objekten, Solidarisierung Subjekten.« (W. F. Haug, in: *Das Argument* 191, 1992, S. 28).

[13] In: Butterwegge (wie S. 161, Anm. 10), S. 160f.

[14] W. F. Haug 1992, S. 34.

[15] *konkret* 3/1989, S. 8.

[16] Nach: Kurt Hirsch/Wolfgang Metz, Die Republikaner – die falschen Patrioten; Bayreuth 1989, S. 59.

[17] *konkret* 12/1989, S. 20.

[18] A. Klönne sowie B. Ulrich/A. Vollmer in: Matthias von Hellfeld (Hrsg.), Dem Haß keine Chance; Köln 1989, S. 91 bzw. S. 165.

[19] Eberhard Seidel-Pielen/Klaus Farin, Wie schuldig ist die Schule? in: *E & W* (Erziehung und Wissenschaft) 11/1991, S. 8. Vgl. auch ihre Kritik an der »pädagogischen Falle«: Klaus Farin/Eberhard Seidel-Pielen, Rechtsruck. Rassismus im neuen Deutschland; Berlin 1992, S. 99ff.

[20] G. Paul (wie S. 161, Anm. 9), S. 150, 143.

[21] Michael Schomers, Deutschland ganz rechts. Sieben Monate als Republikaner in BRD & DDR. Mit einem Vorwort von Günter Wallraff; Köln 1990, S. 17.

[22] Nach: Richard Stöss, Die »Republikaner«; Köln 1990, S. 9 ff.

[23] Stöss, 1990, S. 132 (UVBs abgedruckt S. 146–149, 142–145, 158 f.).

[24] Bernd Ulrich, Zur tiefgreifenden Krise des Antifaschismus, in: *Kommune* 4/1989, S. 60f.

[25] Dante Alighieri, Die göttliche Komödie; nach der Ausgabe: München 1986, S. 117.

[26] Pierre Bourdieu in einem Interview mit *Le Monde* am 14. Januar 1992, S. 2 (einige der folgenden Gedanken sind diesem Interview entnommen).

[27] W. F. Haug 1992, S. 41.

[28] Ein Leserbriefschreiber sprach anläßlich einer Brecht-Demontage vom »Auftakt zur zweiten Exilierung«, ein anderer behauptete: »Die Linke kickt ihre Säulenheiligen vom Sockel« (*Die Zeit* vom 27. März 1992, S. 38).

[29] Opitz (wie S. 161, Anm. 5), S. 602.

[30] In: *Frankfurter Rundschau* 16. Dezember 1989, S. 14. Die Deutung des Aufkommens rechtsextremer Parteien als »Normalisierungsprozeß« vertritt Leggewie auch 1989 in einem *konkret*-Streitgespräch (wieder abgedruckt in: Die Grünen, Argumente gegen REPs & Co., S. 117).

[31] Birgit Rommelspacher, Heile, heile Nazi, es wird schon wieder gut, in: *konkret* 9/1991, S. 52 ff. – Streckenweise textgleich: Rechtsextreme als Opfer der Risikogesellschaft. Zur Täterentlastung in den Sozialwissenschaften, in: *1999*. Zeitschrift für Sozialgeschichte des 20. und 21. Jahrhunderts, April 1991, Heft 2/1991, S. 75–87, im folgenden: S. 82, 84.

[32] Die Grünen, Argumente [. . .], S. 124 f.

[33] Hartung (wie S. 162, Anm. 21), S. 874 ff.

[34] Birgit Rommelspacher, in: *1999*, ebda., S. 81. Vergleiche die diesbezüglichen Tabellen, die Rommelspachers Behauptung korrigieren, in: Ute Knight et al., Deutschland nur den Deutschen?; Erlangen (1991) 2. Aufl. 1992, S. 55 ff.

[35] Peter Glotz, Neue deutsche Ideologie, in: *Der Spiegel* 40/1991 vom 30. September 1991, S. 65.

[36] Ulrich Greiner, Die Falle des Entweder-Oder, in: *Die Zeit* Nr. 5 vom 24. Januar 1992, S. 1.

Die Aufklärungs-Strategie

[1] So der Erziehungswissenschaftler Lutz van Dick, Voraussetzungen für Aufklärung schaffen!, in: *1999*, Heft 1/1991, S. 103, 107 (mit weiteren Literaturhinweisen).

[2] Siehe den Bericht von Anne Tristan, Von Innen. Als Mitglied des Front National in der Hochburg Le Pens (Au Front); Köln 1988; oder aber: Michael Schomers, Deutschland ganz rechts. Sieben Monate als Republikaner in BRD & DDR. Mit einem Vorwort von Günter Wallraff; Köln 1990; Michael Schomers, Die Republikaner – von innen betrachtet, in: Christoph Butterwegge/Horst Isola (Hrsg.), Rechtsextremismus im vereinten Deutschland; Bremen/Berlin 1991 (3. vollständig überarbeitete und erweiterte Neuausgabe), S. 80 ff.; Claudia Michels, Innenansichten der Frankfurter NPD, in: Martina Kirfel/Walter Oswalt (Hrsg.), Die Rückkehr der Führer. Modernisierter Rechtsradikalismus in Westeuropa; Wien/Zürich 1989, S. 62 ff.

[3] Hajo Funke, »Republikaner«. Rassismus, Judenfeindschaft, nationaler Größenwahn; Berlin 1989, S. 112.

[4] In: Gerhard Paul (Hrsg.), Hitlers Schatten verblaßt. Die Normalisierung des Rechtsextremismus; Bonn 1989, S. 201.

[5] In: Kurt Hirsch/Wolfgang Metz, Die Republikaner – die falschen Patrioten; Bayreuth 1989, S. 60. Der Autor ist promoviert, seit 1983 Vorsitzender eines Münchener SPD-Ortsvereins, 1983/84 Vorsitzender der Münchener Jusos.

[6] Richard Stöss, Die »Republikaner«; Köln 1990, S. 129.

[7] Wider das Vergessen. Antifaschistische Erziehung in der Schule. Hrsg. von der GEW Berlin; Frankfurt/M. 1981, S. 37.

[8] In: Matthias von Hellfeld (Hrsg.), Dem Haß keine Chance; Köln 1989, S. 167.

[9] In: *Aus Politik und Zeitgeschichte* 41-42/1989, S. 4 f.

[10] *Die Zeit* vom 28. Februar 1992, S. 8.

[11] Bernd Gäbler sowie Claus Leggewie in: Claus Leggewie, Die Republikaner. Ein Phantom nimmt Gestalt an; Berlin (1989), überarbeitete und erweiterte Neuausgabe 1990, S. 141 bzw. 145.

[12] Immanuel Kant, Werke in zwölf Bänden, XI; Frankfurt/M. 1964, S. 53.

[13] Richard Stöss, Die extreme Rechte in der Bundesrepublik; Opladen 1989, S. 251.

[14] Hans-Gerd Jaschke, Die »Republikaner«. Profile einer Rechtsaußen-Partei; Bonn 1990, S. 123.

[15] In: Butterwegge 1991, S. 141.

[16] Die Grünen, Argumente gegen REPs & Co.; Bonn o. J. (1989), S. 164.

[17] Arno Plack, Wie oft wird Hitler noch besiegt? Neonazismus und Vergangenheitsbewältigung; Frankfurt/M. 1985, S. 57, 63, im folgenden S. 68.

[18] Klaus Hartung, Die antifaschistische Mehrheit, in: *Neue Gesellschaft* 1989, S. 877 ff.

[19] Jürgen Habermas, Bemerkungen zu einer verworrenen Diskussion. Was bedeutet »Aufarbeitung der Vergangenheit« heute?, in: *Die Zeit* vom 3. April 1992, S. 84.

[20] In: *Die Zeit* vom 21. Februar 1992, S. 63.

[21] In: *konkret* 9/1991, S. 52, 54.

[22] Vortrag zum Thema Jugendgewalt und ihre Ursachen in Deutschland und Frankreich im Dezember 1991, nach: dpa-Dienst für Kulturpolitik 51/52/1991 vom 16. 12. 1991, S. 12 f. Vgl. die *FAZ* vom 4. November 1991, S. 5. Didier Lapeyronnie arbeitet an der Pariser Ecole des Hautes Etudes en Sciences Sociales.

[23] Ernest Gellner, Nationalismus und Rassenwahn, in: *Süddeutsche Zeitung Magazin* Nr. 6 vom 7. Februar 1992, S. 26. Gellner ist Professor für Philosophie und Anthropologie an der Universität Cambridge.

[24] Ruhe nach dem Sturm, in: *die tageszeitung* vom 23. Januar 1992, S. 12 (wieder abgedruckt in: *taz Journal*. Die Deutschen & die Fremden; April 1992, S. 70).

[25] Hans-Georg Betz, Radikal rechtspopulistische Parteien in Westeuropa, in: *Aus Politik und Zeitgeschichte*, B 44/91, vom 25. Oktober 1991, S. 12.

[26] Hartung 1989, S. 878.

Die Antikapitalismus-Strategie

[1] Zitiert nach: Wolfgang Wippermann, Faschismustheorien. Zum Stand der gegenwärtigen Diskussion; Darmstadt, 5. völlig neu bearbeitete Aufl. 1989, S. 93. Der Zusammenhang von »Faschismus und Kapitalismus« erfuhr verschiedene Ausformulierungen, auf die hier nicht eingegangen werden kann – vgl. statt dessen das Überblickskapitel von Wippermann ebda., S. 58–65.

[2] Das politische System Frankreichs; Berlin/DDR 1989, S. 97f.

[3] Europa unterm Hakenkreuz. Die Okkupationspolitik des deutschen Faschismus. Frankreich; Berlin/DDR 1990, S. 80.

[4] Reinhard Kühnl, Faschismustheorien. Ein Leitfaden; Heilbronn, aktualisierte Neuaufl. 1990, S. 250.

[5] In: Hirsch/Metz (wie S. 166, Anm. 5), S. 60.

[6] In: Ebda., S. 62.

[7] *Das Argument* 47, Juli 1968, 4. Aufl. 1974, S. 191. Arthur Rosenberg bezeichnete den Faschismus als moderne Form der kapitalistischen Gegenrevolution (ebda. S. 248).

[8] *Das Argument* 47, 4. Aufl. 1974, S. 218.

[9] Kurt Hirsch, Rechts, REPs, rechts: aktuelles Handbuch zur rechtsextremen Szene; Berlin 1990, S. 59.

10 Leo A. Müller, Republikaner, NPD, DVU, Liste D, Göttingen 1989, S. 87, 89.

11 Günter Verheugen, Die Unionsparteien haben die rechtsradikale Renaissance allein zu verantworten, in: Hellfeld 1989, S. 170.

12 Peter Kreisky, Das Versagen des traditionellen Antifaschismus, in: Kirfel et al. (wie S. 166, Anm. 2), 1989, S. 288.

13 *Le Monde* vom 25. Oktober 1991, S. 11.

14 Hajo Funke »Jetzt sind wir dran«. Nationalismus im geeinten Deutschland. Aspekte der Einigungspolitik und nationalistische Potentiale in Deutschland; Berlin 1991, S. 173 bzw. 1989 (wie S, 166, Anm. 3), S. 107 und 31.

15 Paul (wie S. 166, Anm. 4), S. 160f.

16 Nach: Stöss (wie S. 167, Anm. 13), S. 9.

17 Leggewie (wie S. 167, Anm. 11), S. 129.

18 So Klaus Dörre, Die imaginäre Revolte. Jugendliche und Rechtsextremismus, in: *Blätter für deutsche und internationale Politik*, Heft 10/1989, S. 1232.

19 Stöss (wie S. 166, Anm. 6), S. 121.

20 Wolfgang F. Haug, Vom hilflosen Antifaschismus zur Gnade der späten Geburt; Hamburg/Berlin 1987, S. 291.

21 *Der Spiegel* Nr. 42 vom 14. Oktober 1991, S. 118–143.

22 Revolutionäre Zellen in: *konkret* 3/1992, S. 32ff.

23 So die These von Jan Philipp Reemtsma in: *konkret* 11/1991.

24 Der Kapitalismus wird zum Sieger gekürt und die Natur des Marktes zu einem anonymen Spiel verklärt, das jedes Vorausdenken und jegliche Planung übertreffe. »Dabei stehen alle Parameter auf Sturm«, wie Wolfgang Fritz Haug ausführt: »Die Marktwirtschaft siegt in dem Moment, wo sie sich global ad absurdum zu führen beginnt, indem sie die Mehrheit der Weltbevölkerung zu Verelendung verurteilt und ihre eigene Naturgrundlage, ›die Springquellen alles Reichtums untergräbt: die Erde und den Arbeiter‹ (Karl Marx, Kapital I). [. . .] Die wirkliche Katastrophe ist die Weltwirtschaftsordnung.« (Wolfgang Fritz Haug,

Zur Dialektik des Anti-Rassismus, in: *Das Argument* 191, Januar–Februar 1992, S. 42 ff. Das Zitat nach: Marx-Engels-Werke, Band 23, S. 530).

[25] Nord 3 (N 3) vom 22. November 1991 (drittes Fernsehprogramm).

Die Antirassismus-Strategie

[1] Beispielsweise Christoph Butterwegge/Horst Isola (Hrsg.), Rechtsextremismus im vereinten Deutschland; Bremen/Berlin 1991 (3. vollständig überarbeitete und erweiterte Neuausgabe), S. 21: Butterwegge spricht von Rassismus als Kernideologie des Rechtsextremismus. Wippermann liefert einen Überblick über die Theorien, die einen Zusammenhang von Faschismus und Rassismus herstellen: Wolfgang Wippermann, Faschismustheorien. Zum Stand der gegenwärtigen Diskussion; Darmstadt, 5. völlig neu bearbeitete Aufl. 1989, S. 101–106.

[2] Butterwegge 1991, S. 21, 23, 28, 30.

[3] Butterwegge 1991, S. 40.

[4] Nach: Wippermann (5. Aufl.) 1989, S. 102.

[5] Vgl. *Frankfurter Rundschau* vom 7. Februar 1992, S. 16.

[6] Erstmals in: Wider die Denkfaulheit, auch die linke; in: *Blätter für deutsche und internationale Politik* 5/1989.

[7] Teun A. van Dijk, Rassismus heute; 1991, S. 18 bzw. 23.

[8] *Zitty* Nr. 23 vom 31. Oktober 1991.

[9] *StadtRevue* Heft 4/1992 vom 26. März 1992, Titelblatt, Editorial S. 3, Gespräch S. 40.

[10] In: *Die Zeit* vom 22. November 1991, S. 5.

[11] *Neues Deutschland* (ND) vom 12. Oktober 1991, zitiert nach: Wolfgang Fritz Haug, Zur Dialektik des Anti-Rassismus, in: *Das Argument*, Heft 191, Januar–Februar 1992, S. 51.

[12] Michael Schneider, Die abgetriebene Revolution. Von der Staatsfirma in die DM-Kolonie; Berlin 1990, S. 11, 28 f., 111 f.

[13] Die Grünen im Bundestag, Die multikulturelle Gesellschaft; Bonn 1990, S. 18.

[14] Hans-Martin Tillack, Inländerfeinde, in: *die tageszeitung* vom 7. November 1991.

[15] Weltbilder, in: *die tageszeitung* vom 8. November 1991.

[16] *E & W* (Erziehung und Wissenschaft) 11/1991.

[17] Editorial, in *Die Neue Gesellschaft*, 11/1991, S. 963.

[18] Hajo Funke »Jetzt sind wir dran«. Nationalismus im geeinten Deutschland. Aspekte der Einigungspolitik und nationalistische Potentiale in Deutschland; Berlin 1991, S. 152, im folgenden: 115, 136, 138, 129, 149, 124, 128.

[19] Hajo Funke, »Republikaner«. Rassismus, Judenfeindschaft, nationaler Größenwahn; Berlin 1989, S. 38–47, 78–83.

[20] *Frankfurter Rundschau* vom 24. August 1991, zitiert nach: Die Grünen, Bundesgeschäftsstelle, Materialien zur Asyldebatte; Bonn o. J., S. 28, im folgenden S. 40f., 63.

[21] In: *Neues Deutschland* vom 13. Januar 1992. Zitiert nach: Haug 1992, S. 50.

[22] In: *konkret* 3/1992, S. 33 als Bildlegende und S. 34 im Originaltext Roter Zellen.

[23] Ebda., S. 35.

[24] In: *die tageszeitung* vom 8. April 1992, S. 5.

[25] Claus Leggewie, Die Republikaner. Ein Phantom nimmt Gestalt an; Berlin 1989, überarbeitete und erweiterte Neuausgabe 1990, S. 30.

[26] Hans-Georg Betz, Radikal rechtspopulistische Parteien in Westeuropa, in: *Aus Politik und Zeitgeschichte*, B 44/91, vom 25. Oktober 1991, S. 9f.

[27] In: Butterwegge 1991, S. 158.

[28] Bernd Ulrich, in: *kommune* 2/1992, S. 33f.

[29] Leggewie 1990, S. 30.

[30] Daniel Cohn-Bendit und Thomas Schmid in: *Die Zeit* vom 22. November 1991.

[31] Interview mit *die tageszeitung* vom 8. Oktober 1991. Vehement attackiert hat Birgit Rommelspacher diese Aussage in der *taz* vom 11. Februar 1992.

[32] Die Schwierigkeit, nicht rassistisch zu sein, in: *Argument-Sonderband* AS 164/1989, S. 85.

[33] Klaus F. Geiger, Gesellschaft ohne Ausländerfeinde oder multikulturelle Gesellschaft, in: *Argument-Sonderband* AS 164/1989, S. 137.

[34] Werner Ruf, Ökonomie und Rassismus, in: *Argument-Sonderband* AS 164/1989, S. 63.

[35] Funke 1991, S. 14. – Siehe oben die Ausführungen über die These der »Querverbindungen« zwischen Rechten und Rechtsextremisten.

[36] Vgl. Ute Knight/Wolfgang Kowalsky, Deutschland nur den Deutschen? Die Ausländerfrage in Deutschland, Frankreich und den USA; Erlangen 1991, 2. Aufl. 1992, S. 19f., 49f. Vgl. auch unseren Beitrag in: *Blätter für deutsche und internationale Politik* 12/1991.

[37] Face au racisme. 1 Les moyens d'agir./2 Analyses, hypothèses, perspectives; Sous la direction de Pierre-André Taguieff; Paris 1991.

[38] Nach: Klaus J. Bade, Vom Auswanderungsland zum Einwanderungsland? Deutschland 1880–1980; Berlin 1983, S. 112.

[39] Claus Leggewie, SOS France. Ein Einwanderungsland kommt in die Jahre; in: Frankreich-Jahrbuch 1990; Opladen 1990a, S. 138.

[40] Klaus F. Geiger 1989, S. 145, 153, 150.

[41] So wenn Le Pen verkündet: »Ich liebe meine Töchter mehr als meine Cousinen, meine Cousinen mehr als meine Nachbarinnen, meine Nachbarinnen mehr als die Unbekannten [...] Ich liebe eher die Franzosen, das ist mein gutes Recht.« (Nach: Dietmar Loch, Der schnelle Aufstieg des Front National; München 1990, S. 67.) Soll er doch!

[42] Zu Recht hat Wolfgang Fritz Haug darauf hingewiesen, daß diese Definition nicht genügend Trennschärfe besitzt gegenüber patriarchalischen, frauendiskriminierenden Strukturen.

1 Butterwegge (wie S. 170, Anm. 1), S. 21, 186, behandelt Nationalismus als Kernideologem des Rechtsextremismus.

2 Funke (wie S. 171, Anm. 18), S. 13, im folgenden 23f.; sowie Funke (wie S. 171, Anm. 19), S. 49.

3 Funke 1991, S. 7 bzw. 1989, S. 73, im weiteren Text 1991, S. 14, 47.

4 Die Grünen, Argumente gegen REPs & Co., S. 68ff.

5 Kurt Hirsch/Wolfgang Metz, Die Republikaner – die falschen Patrioten; Bayreuth 1989, S. 26.

6 *Zeitmagazin* Nr. 3 vom 10. Januar 1992.

7 Beispielsweise Siegfried Roth unter dem Titel »Unheilbares Deutschland« in: *konkret*, Heft 1/1990, S. 20f.

8 Robert Miles, Bedeutungskonstitution und der Begriff des Rassismus, in: *Das Argument* 175, 1989, S. 365.

9 Claus Leggewie, Die Republikaner. Ein Phantom nimmt Gestalt an; Berlin (1989), überarbeitete und erweiterte Neuausgabe 1990, S. 216ff.

10 Robert Miles 1989, S. 366f.

11 Klaus F. Geiger (wie S. 172, Anm. 33), S. 136, 138.

12 Hajo Funke 1989, S. 73 bzw. 104.

13 Zitiert nach: *Die Zeit*, 24. November 1989, S. 3.

14 Norbert Elias, Studien über die Deutschen. Machtkämpfe und Habitusentwicklung im 19. und 20. Jahrhundert. Hrsg. von Michael Schröter; Frankfurt/M. 2. Aufl. 1989, S. 16f., im folgenden: 23, 205, 208, 455.

15 Stefan Ulbrich (Hrsg.), Multikultopia. Gedanken zur multikulturellen Gesellschaft; Vilsbiburg 1991, S. 290.

16 Jürgen Habermas, Grenzen des Neohistorismus, in: Die nachholende Revolution. Kleine Politische Schriften VII; Frankfurt 1990, S. 151 f.

17 Dorothee Piermont, »Faschismus ist möglich«, in: *konkret* 3/1992, S. 13f.

[18] Das Zitat stammt von dem Austromarxisten Otto Bauer. Vgl. ausführlicher »Die Linke leidet an der Nation« in: *Zeitschrift für sozialistische Politik und Wirtschaft* (spw), Heft 54/1990, sowie in Ute Knight et al. 1992, S. 60–76, hier: S. 70.

[19] Wera Reusch und Robert Schumacher in: (Kölner) *StadtRevue* 4/1992, S. 46.

[20] Claudia Koppert, Deutsch weiß christlich: Wie leben wir damit, in: *Beiträge zur feministischen Theorie und Praxis* 18, 1990, hier zitiert nach: *StadtRevue* 4/1992, S. 46.

Schluß

[1] Thomas Assheuer/Hans Sarkowicz, Rechtsradikale in Deutschland. Die alte und die neue Rechte; München 1990, S. 9.

[2] In: *Die Zeit* vom 10. April 1992, S. 3.

[3] Pascal Perrineau, Interview mit *Le Monde* vom 12. Februar 1992, S. 8.

[4] Konrad Adam, Linke Ehrenhändel. Vom hilflosen Antifaschismus, in: *FAZ* vom 6. April 1992. Der linken Wochenzeitung *Freitag* war dieser *FAZ*-Beitrag eine Glosse wert, um den Gedanken als Ungedanken aus dem Kreis braven linken Denkens auszugrenzen (10. April 1992, S. 2): Antifaschismus als »Trutzburg moralischen Hochgefühls«, das kann nur ein »Angriff« sein.

[5] Haug (wie S. 161, Anm. 8), S. 27.

[6] Claus Leggewie, REPs, Antifa und Republikaner, in: Martina Kirfel/Walter Oswalt (Hrsg.), Die Rückkehr der Führer. Modernisierter Rechtsradikalismus in Westeuropa; Wien/Zürich 1989, S. 68.

[7] Haug 1992, S. 35.

[8] Ebda., S. 32.

[9] Die »taz«: Berichterstattung mit Lücke, in: *Die Zeit* vom 20. März 1992, S. 99.

Bitte beachten Sie
die folgenden Seiten

Ralf Georg Reuth

IM Sekretär

Die „Gauck-Recherche" und die Dokumente zum „Fall Stolpe"

Ullstein Buch 36604

„Ein längst überfälliger Beitrag, der die ganze Dimension der Stasi-Affäre um Stolpe erhellt."
Freya Klier

„Dies ist keine sensationelle Enthüllungsstory, sondern eine solide Darstellung des Weges eines opportunistischen Anpassers, der an seiner eigenen Schlauheit scheitert und nun den Schatten seiner Vergangenheit zu entkommen sucht."
Gerhard Löwenthal

„Auf der Grundlage von . . . 800 Seiten Akten über Stolpe, davon 600 Seiten Material der Gauck-Behörde, bekommt der Leser erstmals einen Überblick über Leben und Arbeit Manfred Stolpes für das MfS, ‚Schild und Schwert' der SED."
Peter Meier-Bergfeld, Rheinischer Merkur

ULLSTEIN REPORT

Manfred Wilke/
Hans-Hermann Hertle

Das Genossen-Kartell

Die SED und die IG Druck und Papier/IG Medien

Ullstein Buch 36603

Vergangenheitsbewältigung ist nicht nur eine Notwendigkeit für die neuen Bundesländer, sondern vor allem auch für Westdeutschland. Das beweist diese Dokumentation, die schon im Vorfeld erhebliche Aufmerksamkeit erregt hat. Anhand der erst jetzt zugänglichen Akten aus den Archiven der ehemaligen DDR belegen die Autoren: Es gab ein „Genossen-Kartell" zwischen Spitzenfunktionären der IG Druck/IG Medien im DGB und der SED: Gemeinsam wollte man gegen das „Kapital" und für den „Frieden" kämpfen ... Zielgerichtet nahm die SED Einfluß auf die politische Entwicklung in der Bundesrepublik. Wie dies geschah, enthüllt erstmals diese Dokumentation.

ULLSTEIN REPORT

Shridath Ramphal

Das Umwelt-protokoll

Partnerschaft zum Überleben

Ullstein Buch 36602

Für die Länder dieser Erde gibt es nur einen Ausweg aus der ökologischen Krise: Partnerschaft. Zusammenarbeiten oder gemeinsam untergehen. Das Buch des international renommierten Experten für Umwelt- und Entwicklungsfragen ist ein leidenschaftliches Plädoyer für eine menschenwürdige Zukunft.
Mit den Ergebnissen des Umweltgipfels in Rio und einem Vorwort von Willy Brandt.

ULLSTEIN REPORT

Uwe Backes/Eckhard Jesse/Rainer Zitelmann

Die Schatten der Vergangenheit

Impulse zur Historisierung des Nationalsozialismus

Ullstein Buch 33161

„Als die Herausgeber ihr Werk in Angriff nahmen, konnten sie nicht ahnen, wie sehr die Wirklichkeit ihre Absichten untermauern würde . . . Kurzum, der Band erhellt die nationalsozialistische Epoche und regt aufs neue an, über den rechten Umgang mit ihr nachzudenken."
Brigitte Seebacher-Brandt, *Rheinischer Merkur*

„Im wesentlichen erweist sich der Band somit als selbstbewußtes Produkt eines Teils einer neuen Generation von Geisteswissenschaftlern."
Kai-Uwe Merz, *Der Tagesspiegel*

„Zum Nachdenken über die Vergangenheit, aber auch über die Fehler und Unterlassungen der bundesdeutschen Geschichtsschreibung gibt indes fast jeder Beitrag Anlaß. Daher wünscht man diesem Buch viele kritische Leser."
Werner Johe, *Die Zeit*

Ullstein Taschenbuch